AI時代の「超」発想法

Yukio Noguchi
野口　悠紀雄

PHP
Business Shinsho

PHPビジネス新書

はじめに

本書は、「どうしたら、**新しいアイディア**を生み出すことができるか?」についての方法論を述べた本です。

新しいアイディアがきわめて重要であることから、さまざまな発想法がこれまで提案されてきました。例えば、カードに考えの断片を書いてそれを並べ替える、フローチャートを書く、マトリックスを書く、等々の方法です。

ものを作ったり、植物を育てたりする場合には、確かに一定の手続きを、指定されているとおりに実行すれば、必ず一定の成果が得られます。これまで提案されてきた発想法の多くは、そのような考えを延長して、「発想においても、一定の手続きにしたがえば、よいアイディアが得られる」という考えのもとになされてきたのです。

ところが、発想は、このような定型的な作業によってなされるものではありません。

アイディアを生み出すのは、決して**簡単なことではない**のです。「一定の手続きにしたがって、そのとおりに作業を進めれば、必ずよいアイディアが出てくる」というわけにはいきません。

では、発想は、特殊な能力を持ったごく一部の人だけに許された作業なのでしょうか。そして、その人たちが行なっている創造活動とは神秘的なものであり、他の人々にはその奥儀を窺い知ることができないものなのでしょうか？

決してそうではありません。実際、これまで独創的な仕事をしてきた人や新しいアイディアを生み出した人がいっていることを読むと、驚くほど**似た方法で発想を行なっている**ことが分かります。

このことから、**発想には一定の法則性がある**ということができます。

その法則を理解し、それにしたがった工夫を試みれば、アイディアを生み出しやすくなる環境や条件を整えることは、十分可能なのです。そうすることによって、どんな人でもアイディアを生み出すことができます。発想は、決して一部の人々の独占物ではありません。

では、その法則とはどんなものでしょうか？　本書はまずこのことを説明します。

そしてつぎに、その法則を踏まえ、発想するための具体的な提案を行なっています。

例えば、発想は必ず**模倣から出発する**ものであり、その意味で誰にでもできる作業であることを強調します。真に独創的な考えとは、**模倣から出発しながら、模倣にとどまらずにそこから脱却した**もののことです。

また、とにかく仕事を開始し、継続するのが重要であることも強調します。仕事を続けていれば、何らかのことがきっかけになって、新しいアイディアが生まれるでしょう。繰り返しますが、このような意味で、アイディアの発想は一部の人だけができることではありません。どんな人も、適切な環境を整え、適切な仕事の方法をしていれば、アイディアを得ることができるはずです。

ところで、情報技術の進展に伴って、アイディアを生み出すための環境も変わってきています。とくに重要なのは、**ＡＩ（人工知能）による音声認識や画像認識**です。これらの技術進歩は著しく、いまでは、スマートフォンを用いて、どんな人でもこの技術を活用することができます。これらをうまく活用することができれば、アイディアを生み出す作業の能率は、大きく向上するでしょう。本書は、これに関して、いくつかの具体的な方法を提案しています。

経済活動におけるアイディアの重要性は、ますます高まっています。新しいアイディアによって**新しいビジネスモデル**を確立した企業が、世界をリードしています。

他方で、ＡＩが経済活動に広く取り入れられ、ルーチン的な仕事のみならず、これまで知的な作業と考えられていたものも、**ＡＩによって代替**されつつあります。こうした世界において、人間の発想力は、ますます重要性を増すでしょう。ところが残念なことに、日本の企業はこの面で世界的な潮流から遅れつつあります。本書は、このような状況を少しでも変えることに寄与できればと願って書かれました。

本書が読者として想定しているのは、新しいアイディアを生み出したいと考えているすべての方々です。大学や研究所で研究開発に携わっている方々、クリエーター、執筆者等の方々、企業の企画部門で仕事をされている方々はもちろんのこと、どんな職場においても新しいアイディアを出したいと願っている方々です。

各章の概要は、以下のとおりです。
序章では、「**アイディアの価値が高まっている**」ことを述べます。ＧＡＦＡと呼ばれる企業群の成長は、その象徴です。またＡＩの発達によっても、この傾向が促進されます。
第１章では、「**発想はどのように行なわれるか**」という「発想の法則」を明らかにします。発想する人は、あらゆる可能な組み合わせを考えるのではなく、無意味な組み合わせを直観的な判断によって最初から排除しています。また、アイディアの多くは偶然のきっかけで得られたように見えるのですが、重要なのは、それに先立って「考え続けていた」ことです。これが潜在的な意識の活動を始動し、そこで発想が行なわれていたのです。

第2章では、「**どうすればアイディアを生み出せるか**」という具体的な方法論を考えます。科学の基本的な方法は、過去に成功したモデルを新しい問題に応用するという「創造的剽窃《ひょうせつ》行為」です。アイディアの発想でも、この方法が最も強力です。「モデル」は、多くの学問分野で基本的な働きをしています。これは、現実を抽象化したものです。モデルは、発想においても重要です。また、子供は、遊びを通じて発想の訓練をしています。

第3章のテーマは、「**発想のために考え続ける**」こと、つまり発想のための環境づくりと、仕事の進め方です。最も重要なのは、とにかく仕事を開始し、それを続けることです。つまり、仕事について現役であることです。歩くとアイディアの啓示を受けることがしばしばあります。また、集中できる環境を作る必要があります。

第4章では、「**発想のための対話と討論**」の重要性を強調します。ブレインストーミングは非常に有効です。ただし、質の高い参加者を集める必要があります。また、自由な議論が行なえることも必要です。知的な人々の集まりは発想には理想的な環境ですが、こうした集まりを作るのは、現実には簡単ではありません。そこで、問題意識を持って、読書を能動的に行なうことが考えられます。これは、誰にでもできる理想的な対話の方法です。

第5章では、「**AI時代の『超』発想法**」について述べます。AIの音声認識機能により、スマートフォンを用いて音声入力でメモを取ることができるようになりました。いくらでも記録を残して瞬時に引き出せる**「超」メモ帳**を構築できます。また、データベースを検索することで、ブレインストーミングと似た効果を期待することができます。新聞記事の見出し、過去に自分が書いた文書のデータベースなど、自分用のデータベースを作れば、もっと効率的です。さらに、アイディアのデータベースを作ることができます。

第6章では、「**発想の敵たち**」について述べます。それは、権威主義、事大主義、そして、異質なものや新しいものへの敵愾心《てきがいしん》です。自信の欠如や現状への小市民的満足のために、発想から逃げる人々もいます。先例主義、形式主義、横並び主義に毒され、失敗が許されない官僚組織は、発想には最悪の環境です。

第7章では、「**間違った発想法**」を批判します。発想を一定の手続きにしたがって進めようとする「マニュアル的発想法」には、問題があります。基礎知識の習得を軽視し、マニュアルだけに頼って発想しようとするのは、間違いです。マニュアル的発想法が有効な場合もありますが、多くの場合、それは落穂拾いです。

第8章では、以上の議論を「**『超』発想法の基本5法則**」にまとめます。１．模倣なくして創造なし。２．マニュアル的方法は補助手段。３．必要な知識をまず頭に詰め込む必要がある。４．方法論にこだわるよりは、環境整備を心がけるべきだ。５．必要は発明の母。

下記のＱＲコードをスマートフォンで認識させると、本書のサポートページに飛びます。ここには、本書の内容を補足する記事があります。

本書の執筆と刊行にあたって、ＰＨＰ研究所第二制作部ビジネス課の中村康教氏、宮脇崇広氏に大変お世話になりました。ここに御礼申し上げます。

２０１９年８月

野口悠紀雄

AI時代の「超」発想法◎目次

第2章 どうすればアイディアを生み出せるか

第5章

AI時代の「超」発想法

第6章 発想の敵たち

この作品は、二〇〇〇年三月に講談社から刊行された『「超」発想法』（二〇〇六年六月に同タイトルで文庫化）をもとに、大幅な加筆・修正をして再編集し、改題・新書化したものです。

序章

アイディアの価値が高まっている

●新しいアイディアとビジネスモデルで成長したＧＡＦＡ

アイディアの価値が高まっています。

優れたアイディアを生み出した企業が事業を発展させ、経済を牽引しています。

その代表が、**ＧＡＦＡ**と呼ばれるアメリカの企業群です。これは、グーグル、アップル、フェイスブック、アマゾンのことです。これらの企業は、いまアメリカ経済を牽引する中心的な存在となっています。

これらは、20年前には、ごく小さな企業でした。これらの企業が急成長したのは、新しいアイディアを生み出して、**新しいビジネスモデル**を確立したからです。

グーグルの場合、きわめて優秀な検索エンジンを開発し、利用者が集まりました。しかし、最初は、これを収益化する手段が見つかりませんでした。利用料金を課せば、利用者は他の検索エンジンに移ってしまうでしょう。そこで無料で検索サービスを提供したのですが、それでは収益はあがりません。

グーグルが検索エンジンから収益を得られるようになったのは、「**検索連動型広告**」という新しいタイプの広告を始め、しかも、それが効率的に機能するようなさまざまな仕掛けを考案したからです。

検索連動型広告を行なうためにはデータが必要ですが、それは検索サービスを通じて無料で収集することができました。必要とされたのは、それをどのようにして効率的な広告に結びつけるかというアイディアだけだったのです。

フェイスブックについても、同じことがいえます。SNSサービスを通じて利用者の詳細な個人データが得られるので、それを広告に結びつける**アイディア**があれば、巨額の広告料収入を得られました。

アイディアさえあれば、工場や販売店などの施設に特別の投資をしなくとも、巨額の収入をあげることが可能になったのです。

GAFAの中で、アップルとアマゾンは、製造業と流通業ですので、グーグルやフェイスブックとは少し事情が違います。ただし、アイディアが重要な役割を果したという点では同じです。

アップルは、ファブレス（工場なし）という新しい製造業のビジネスモデルを作りました。製造過程を中国などの企業に任せ、自らは製品の開発と設計に特化したのです。これによってきわめて高い利益率を実現しました。

アマゾンは、物流過程の効率化を進めるとともに、「購入者に関するデータを利用してリコメンデーション（お勧め）を行なう」という仕組みを作り、従来の書店では扱うことのできなかった販売点数が少ない書籍を扱うことに成功しました。こうして、実店舗で販売する従来の流通業とは全く異なるビジネスモデルを確立したのです。

ポイント　ＧＡＦＡはアイディアによって新しいビジネスモデルを生み出して急成長し、アメリカを牽引する企業群となった。アイディアさえあれば、特別の投資をしなくとも、巨額の収入をあげられる。

●アイディアの重要性が増した

従来の経済活動においても、アイディアや発想は重要でした。しかし、**アイディアだけで巨額の収入をあげることはできません**でした。アイディアが持つ潜在的な価値を現実のものにするためには、工場を新設したり、販売店を増設したり、大量の人員を雇ったりする必要があったのです。

現代の世界で、そうしたものが全く不要になったわけではありません。ただし、つぎのような意味で、物理的な施設や人員の重要性が減少し、その半面でアイディアの重要性が増大したのです。

第一は、先進国における**製造業の比重の低下**です。製造業では、巨大な生産設備の建設がどうしても必要です。製造業は長い間先進国の経済の中心的な活動だったのですが、1990年頃以降、中国をはじめとする新興国の工業化が進展し、安価な労働力が供給されるようになりました。このため、従来は先進国で行なわれていた製造業活動の多くが新興国に移行したのです。

こうして、先進国においては、製造業を中心とする従来のタイプの経済活動の価値が相対的に低下しました。

その代わりに先進国で進展しているのは、モノではなく情報やデータを扱う経済活動です。右に述べたGAFAの企業群が行なっているのが、まさにそうした活動です。

情報やデータを扱う経済活動では、サーバー等の施設は必要とされるのですが、製造業や従来の流通業のように、**大規模な工場を作ったり販売施設を作ったりする必要がない**のです。GAFA企業がアイディアによって成長できたのは、そのような条件があったからです。

ポイント **先進国における製造業の比重が低下したことがアイディアの価値を高めた。**

●情報やデータを用いる新しい経済活動の進展

第二に、新しい情報技術の進展に伴い、**情報やデータを用いて収益をあげる**活動がさらに進展しています。

まず、**AIの教育・訓練**にデータが用いられています。これによって、従来は不可能と思われていたパターン認識などが可能になってきています。この技術は、自動車の自動運転などに用いられ、世の中を大きく変えていくことになるでしょう。

もう1つの利用は「**プロファイリング**」と呼ばれるものです。これは、ビッグデータによって対象者の性格を推定しようとするものです。これによって、ターゲティング広告（検索連動型広告のように、対象を絞った広告）の性能の向上、信用度の測定、あるいは、選挙での利用などが進められています。

新しい発想の重要性は、GAFAに限ったことではありません。経済全体として**高度サービス産業の重要性**が増しています。こうした変化は、アメリカではとくに顕著に進行しています。日本でも、そうした変化が進行しようとしています。

「**士業**」と総称される分野があります。弁護士、公認会計士、税理士などです。

これらの業種では、定型的な事務はＡＩによって代替されていくでしょう。例えば、弁護士であれば、判例の参照など。公認会計士や税理士であれば、記帳事務などです。

こうした事務が自動化されるため、与えられた案件の処理だけではなく、積極的な提案等を行なうことが重要になってきています。例えば、弁護士であれば、「訴えられないような金融商品をどう設計したらよいか？」といったアドバイスです。公認会計士や税理士であれば、新しい事業の提案が求められるでしょう。

これは、**アイディアの重要性**が増すことと解釈することができます。つまり、こうした仕事においても、発想の価値は上がることになるのです。

このように、アイディアの重要性が、情報技術の進歩に伴ってますます増大していきます。どんなビジネスパーソンにとっても、アイディアを出せるかどうかが重要な課題になっています。

アイディアを出せる企業や人が、これからの社会を作っていくことになるでしょう。

このような大きな変化の中で、われわれがいかに仕事をし、生活していくべきかを考え、そのために新しいアイディアをつねに生み出していくことが求められています。

本書は、このような時代的な変化を背景として、アイディアを生み出すにはどのような仕組みが必要かを考えたものです。

ポイント **情報技術の進歩に伴って、アイディアの重要性が増している。これまで人間でなければできないと思われていた仕事がＡＩで代替されるので、人間はアイディアを出すのが主要な仕事になる。**

●ＡＩが進歩した世界において、人間の創造力の価値が増す

ＡＩの進歩によって、これまで人間が行なってきた仕事のうち、ルーチン的な性格が強いものは、**ＡＩで代替される**ようになっています。例えば、ＡＩが人間の声を理解できるようになってきているため、コールセンターの業務をＡＩが代替する動きが進行しています。自動車の自動運転が可能になれば、自動車をめぐる環境は大きく変わるでしょう。

このような世界においては、人間が行なうべき仕事は、新しいものを発想することだけになっていくかもしれません。つまり、**アイディアの重要性は、さらに高まる**のです。

ただし、アイディアを生み出すことができるのは、人間だけではありません。すでにＡ

Iは、これまで人間が行なってきた創造的な仕事を、部分的には代替するようになっています。

第5章の4で述べるように、データを与えてAIにニュースを書かせることは、すでに行なわれています。音楽を作曲させたり、映画の脚本を書かせることも行なわれています。

このように、創造は、必ずしも人間の独占物とはいえない状態になりつつあるのです。すると、**AIの創造力**とは本物の創造力なのか？　それは、**人間の創造力**とどこが違うのか？　といったことが重要な問題となってきます。

AIの創造力は、さまざまな組み合わせの中から、可能性があるものをうまく引き出すというプロセスを行なっています。

それを考えるには、そもそも人間はどのようにして新しいアイディアを生み出しているのか？　ということを明らかにすることが必要になります。

この問題は、本書が対象としている問題そのものです。

これは、本書の第1章から第3章で論じられています。

人間もさまざまな組み合わせから発想しているのですが、「それだけか？」ということが大きな問題です。実は、ある種の直観に導かれていることが重要なのです。

したがって、第5章の4で述べるように、人間の創造力とＡＩの創造力は本質的に異なるものだと考えられます。そして、ＡＩは、人間の発想力を超えることはできないだろうと考えられるのです。

ただし、この問題について、最終的な答えが得られているわけではありません。ＡＩの進歩はきわめて急速なので、現在では想像もできないことが実現するのは、十分に考えられることです。ＡＩの創造力と人間の創造力の競争は、まだ決着がついた問題ではありませんが、人間の創造力が今後ますます重要になっていくことは間違いありません。

ポイント **いかにAIが進歩しても、人間の創造力を超えることはできないだろう。AIが進歩した世界では、人間の創造活動の重要性はさらに高まる。**

第1章

発想はどのように行なわれるか

アイディアは、組み合わせから生じます。そして、組み合わせは頭の中で行なわれます。あるいは、頭の中でやるほうが効率的です。その意味について、詳細に考えましょう。

1 無用な組み合わせは試みない

●猿にタイプライターを叩かせる

物理学者**ジョージ・ガモフ**が、**『1，2，3…無限大』**という本の中で、「猿にタイプライターを叩かせて文章を書く」という方法について述べています*。

ジョージ・ガモフ
（GRANGER／時事通信フォト）

猿はタイプのキーをでたらめに叩くので、打ち出されたもののほとんどは、文章として意味をなしません。しかし、中には、偶然の結果として、意味がある文章も出てくるでしょう。偶然に偶然が重なって、シェイクスピアの名文句が叩き出されるかもしれません。

もし猿があらゆる組み合わせを試み、そして同じ組み合わせを二度と繰り返さないとすれば、十分長い時間のうちには、猿はあらゆる文章を叩き出すはずです。

なぜなら、一定の長さの文章の総数は、**有限**だからです。そこには、これまで書かれたどんな巨匠の名文も、どんな感動的な文章も、どんな深遠な思想も含まれています。

それどころではありません。将来書かれる文章も含めて、およそ人間が書くことができるすべての文章が含まれています。仮に、「すべての思想は文章で表現できる」という立場に立てば、人間が考えうるすべての思想は、猿のタイプライターで打ち出されることになります。人間は、そこから適当なものをピックアップすればよいのです。「**発想**」は、このようにして機械的に処理できることになるわけです！

●可能な組み合わせの総数が多すぎる

右に述べたのは、信じられないことですが、原理的には確かにそうです。しかし、ここで問題となるのは、組み合わせの総数が著しく多いことです。どんなに多いかを、俳句の場合について確かめておきましょう。

簡略化のために、濁音、促音などの問題は無視し、50音の組み合わせだけを試みるものとします。すると、組み合わせの総数は、50の17乗個となります。これは、ほぼ10の29乗です。つまり、1億を1億倍し、それを1億倍し、さらに10万倍した数です。

打ち出し結果を人間が点検して、優れたものを選び出すとしましょう。一句を点検するのに1秒間で済むとし、1日10時間をこの仕事にあてるものとすると、1人が1年かけて点検できる俳句の総数は、約1300万句です。仮に日本人のすべてがこの作業を行なえば、1年間で約1700兆個の結果を点検できます。

しかし、このペースで作業しても、打ち出したすべてを点検するには、約60兆年かかるのです！　ビッグバンで宇宙が誕生したのが約150億年前といわれていますから、宇宙の始まりから作業をしても、現在までにまだ4000分の1しか調べ終わっていないことになります。

つまり、猿が打ち出す俳句の総数は、絶望的なほど**膨大な数**なのです。もちろん、打ち出されたものの大部分は文字の無意味な組み合わせですから、コンピュータを使えば、自動的に排除できるでしょう。しかし、仮に10分の9を排除できるとしても、事態はあまり変わりません。

わずか17文字の俳句でさえ、可能な組み合わせの総数は、このように膨大なのです。ましてや、通常の文章については、**「すべての組み合わせを試みる」という方法は、とても**

実用になりません。

ポイント **猿にタイプライターを叩かせれば、いつかはあらゆる文章を打ち出す。しかし、可能な文章の総数はあまりに多すぎて、そのすべてをチェックするのは不可能。**

＊　ガモフは、「宇宙のビッグバン理論」を最初に提唱した物理学者。この本は現在、G・ガモフ・コレクション（全4巻）の一冊として『宇宙＝1、2、3…無限大』というタイトルで出版されています（白揚社、1992年）。これを含むガモフの物理学入門シリーズは、子供たちの科学への好奇心を養う最適の書物です。

●無価値なものを排除する直観力

では、実際の創作活動は、猿のタイプライターと、どこが違うのでしょうか？

それは、創作活動では、**組み合わせのすべてを機械的に点検するのでなく、無価値なものを最初から排除してしまう**ことです。つまり、実際の創作活動では、「さまざまな組み合わせを試みる」とはいっても、ごくごく限定的な範囲の組み合わせしか試みていないのです。可能な組み合わせのほとんどは、試みられないで捨てられているのです。

つまり、人間の脳は、無価値なものを排除する能力を持っています。あるいは、「このような組み合わせならうまくゆきそうだ」という判断を、具体的な組み合わせを試みる前の段階で行なっているのです。作業を行なう前の判断ですから、これは**「直観的」な判断といわざるをえません**。

●事前の判断力

文学作品の作者も、書き始める前の段階で、「このテーマなら書けそうだ」という判断を行なっているに違いありません。

他の知的作業でもそうです。例えば、数学が得意な学生は、問題を解く際、「この方法なら多分解けそうだ」という直観を働かせます。式の演算にあたっても、どの変数に着目してどの項をまとめるかなどという判断を、直観的に行なっています。あるいは、「この方法では駄目だろう」という判断をします。具体的な計算を行なう前の段階で、こうした判断が働くのです。あるいは、式をある程度展開したところで、間違った方向だったことに気づきます。

このような「**事前の判断力**」は、**研究者にとって、最も重要な資質です**。研究テーマの選択にあたって、「この問題は挑戦する価値がある」とか、逆に「このテーマは研究しても大した成果があげられまい」という直観を働かせることが、きわめて大切なのです。

経営者の場合も、こうした判断が重要でしょう。新事業の開始や投資の決定にあたって、あらゆる可能な選択肢をいちいち比較考慮するのではなく、直観的な判断に頼る場合が多いに違いありません。

ポイント　**人間の脳は、無意味な組み合わせを排除する能力を持っている。あらゆる知的活動の中で最も重要なのは、「無用のものを試みないで捨てる」という直観力。**

アンリ・ポアンカレ

●発見は選択：ポアンカレの議論

右に述べたことについて、フランスの数学者**アンリ・ポアンカレ**が、著書『**科学と方法**』の中で、明確に説明しています。*

組合せはその数かぎりなく、その大多数は全然興味ないものであろう。発見するということは、まさに、無用な組合せをつくらないで、**有用な組合せ**をつくることに存する。かかる有用な組合せは、その数きわめて少ない。発見とは識別であり選択である。

（中略）

発見することは選択することであると、述べた。しかし、おそらくこの選択という語は全然正しいとはいえないであろう。この語は非常に多くの見本を出されて、一つ一つ検査してえらび出す買い手を思わしめる。発見の場合には、この見本はきわめて数多く、一生を費やしてもこれを検しつくすことは不可能であろう。実際はこれとは異なる。すなわち、不毛な組合せは発見者の精神に浮かぶことすらしないのである。彼の意識界に現れるのは、真に**有用な組合せ**と、後に棄ててしまいはするがとにかく有用な組合せたるの特質を少しはもっているようないくつかの組合せとばかりである。第二次試験官は第一次試験に合格したと決した受験生のみを試問するのであるが、発見者はこの第二次試験官の如きものと考えれば萬事間違いない。

（中略）

（発見するというのは）単に規則を応用するとか、或る固定した法則にしたがってでき得るかぎり多くの**組合せ**を作るとかいう問題ではない。かくの如くにして得られる組合せはいたずらに数多く、ただ無益にして煩瑣なばかりであろう。発見者の真の仕事は、たくみに選択を行なって、無益な組合せを除外すること、或いはむしろ、かかる組合せをつくるが如き労を費やさないことにある。そして、この選択を指導すべき規則はきわめて微妙であって、正確な言葉をもってあらわすことはほとんど出来ない。言葉に述べるよりもむしろ感得すべきものである。かかる事情のもとにおいて、如何にしてこの規則を機械的に応用し得る篩《ふるい》を想像することができよう。

ここでポアンカレが指摘している「**無駄な組合せを最初から試みない**」というのは、きわめて重要です。なぜなら、それは、「どのようにして発想作業を進めればよいか？」という実際上の問題に関して、重大な意味を持つからです。

とりわけ重要なのは、カードの組み合わせを試みたり、マニュアルにしたがって可能性をいちいち点検するような機械的発想法が有効かどうかの判断です。「無用のものは試みずに排除する」という立場からすると、こうした方法は不毛であるといわざるをえないのです。これについては、第7章で再び述べることとします。

ポイント **無益な組み合わせは、有能な発見者の精神には浮かばない。意識に現れるのは、真に有用な組み合わせとその候補だけ。**

＊　H・ポアンカレ（吉田洋一訳）『改訳 科学と方法』、岩波文庫、1953年。括弧内は野口の注記。

2 審美眼で選択する

●審美的感情で選ぶ

きわめて多数の組み合わせの中から、どのようにして有用なものを選び出せるでしょうか？ **ポアンカレ**は、先の引用で「規則はきわめて微妙で、正確な言葉であらわせない」と言っています。ただし、その後で、それは「審美的感情」であると、つぎのように述べています。

（可能な組合せの中から選び出されて）意識的になり得る現象とは、直接にも間接にもせよ、吾々の感受性をもっとも強く動かすもののことなのである。一見数学の証明は知性以外には関係がないように思われるのに、これについて感受性を引合いに出しては、人は或いはおどろくかも知れない。しかし、これについておどろくことは数学的優美の感、数と形式の調和の感、幾何学的典雅の感を忘れることであろう。これは、すべての真の数学者が知るところの真の審美的感情であって、実に感受性に属するものなのである。

ジャック・アダマール

数学において「美的感覚」や「感情」が重要な役割を果たすことは、ポアンカレ以外にも多くの数学者が指摘しています。例えば、フランスの数学者**ジャック・アダマール**は、発見に関する古典的名著『数学における発明の心理』で、つぎのように書いています[*]。

ポアンカレとともに私たちは、発見の不可欠の手段として美的感覚が関与していることを知る。こうして私たちは次の二重の結論に達する。発明は選択であり、その選択はどうしても科学的美的感覚に支配される。

イギリスの数学者**ロジャー・ペンローズ**も、つぎのように述べています。[*2]

われわれの判断形成には審美的な規準がきわめて重要である。(中略)インスピレーションの閃きの正しさに対する強い確信は、その審美的性質と密接に結びついている。美しいアイディアは醜いアイディアに比べて、正しいアイディアであるチャンスははるかに大きい。

(中略)

審美的規準の重要性は、インスピレーションの瞬間的な判断だけではなく、数学(あるいは科学)研究に携わっているときにわれわれがたえず行なっており、はるかに頻繁に現われる判断にも当てはまることは、私には明白であるように思える。厳格な議論は通常は最後のステップである。その前に、われわれは多くの推測をなさなくてはならないが、その際には審美的確信が非常に重要になる。

ポール・ディラック

ロジャー・ペンローズ

ペンローズは、物理学者**ポール・ディラック**が「他の人たちがむなしく求めていた電子の方程式を探り当てることができたのは、鋭い美の感覚のせいだった」と平然といってのけた、という挿話を紹介しています。

美的感覚が重要な役割を果たすのは、数学や物理学に限ったことではありません。研究者一般にとって、あるいは経営者や企画担当者にとっても重要な感覚です。彼らの直観的判断を導いているのは、美的感覚なのです。

ポイント

きわめて多数の組み合わせの中から有用なものを選び出すのは、審美的な感覚。

＊ J・アダマール（伏見康治、尾崎辰之助、大塚益比古訳）『数学における発明の心理』、みすず書房、1990年。
＊2 R・ペンローズ（林一訳）『皇帝の新しい心 コンピュータ・心・物理法則』、みすず書房、1994年。

●成功の記憶による直観力

では、審美的感情はどのようにして形成されるのでしょうか？ これについて、ポアンカレもアダマールもペンローズも明確に語っていません。このテーマは、本来は、大脳生理学や心理学が答えるべきものでしょう。＊私はこの分野の専門家でないので、自信を持ってはいえませんが、経験からすると、「**成功の記憶**」によって形成されるからではないかと思います。

ある試行が成功すると、そのときのさまざまな**要因が記憶**されます。そして、複数の経験から共通の要因が抽出され、脳の中に一定の思考回路が形成されるのでしょう。この思考回路が、「**審美的感情**」なのであり、「**感受性**」なのだと考えることができます。

一度成功した方法は、繰り返し試みても同様の結果を生む確率が高いので、「**成功経験**

に学ぶ」という方法は、合理的なものです。生物は、長い進化の過程で、そうした感覚を身につけてきたのでしょう（ただし、客観的条件が変化したときには、古い成功の記憶が進歩の障害になることもあります）。

この仮説は、さまざまな観察事実と整合します。例えば、幼児の教育で大切なのは、「**誉めること**」だといわれます。子供は誉められたときに、その試行が成功だったことを知ります。そして、それを記憶に残します。

これに対して、成功を認識できなかった子供は、成功の記憶を蓄積することができず、したがって記憶回路を形成することができません。子供を叱るだけでは、失敗の記憶だけが残ることとなり、失敗を避けるという消極的な行動しかできない人間が形成されることになります。

ポイント　**審美的感情は、成功の記憶によって形成される。**

＊ ただし、現在の大脳生理学は、確実で具体的なノウハウを示すまでには発達していないようです。ですから、経験に基づいて、「多分この方法がよさそうだ」というほうが、実際には重要です。

3 考え続けたから発見できた

●偶然のきっかけで生じた大発見

以上で、発見のメカニズムを概観しました。要約すれば、「**きわめて多数の組み合わせの中から、審美感覚によって有用なものが選び出される**」ということです。

ただし、これだけでは、実際の発想をするにあたっての具体的指針とはなりにくいでしょう。そこで、発見がどのように行なわれたかを、もう少し詳しく調べてみましょう。

アルキメデス

科学史を紐解いて誰もが注目するのは、大発見の多くが**偶然**のきっかけで生じたことです。

その典型例は、**アルキメデスの浮力発見**です。彼は、湯船に入ったとき、湯船から湯が溢れ出すのを見、同時に自分の身体が軽くなったのを感じて、浮力の原理を発見しました。風呂から飛び出し、裸のまま

アイザック・ニュートン

「ユウレカ！」と叫んでシラクサの街を走り回ったと、歴史に記されてあります*。「たまたま風呂に入ったこと」が、発見を導いたというわけです。

偶然が導いた大発見として誰でも知っているのは、**アイザック・ニュートンの万有引力**です。ペストでケンブリッジ大学が閉鎖されたため、リンカーンシャー・ウールスソープの故郷にいたニュートンは、庭のりんごの木から実が落ちるのを偶然見ました。そして、すべての物体が地球に引かれているという万有引力の法則を発見しました（52ページのBOX参照）。

ポアンカレは、自分自身の発見経験をいくつか紹介しています。ここでも、重大な発見が、偶然のきっかけで生じています。ある種の関数について研究を進めていたのですが、何の結果も得られませんでした。あるとき旅行に出かけ、雑事にまぎれて数学のことは忘れていたのですが、散歩に出かけるために乗合馬車の階段に足を触れた瞬間に、その準備となることを何も考えていなかったにもかかわらず、「この関数を定義するために用いた変換は非ユークリッド幾何学の変換と全く同じである」という着想がひらめきました。また、別の日には、断崖の上を散歩しているとき、着想が「いつもと同じ簡潔さ、突然さ、直接な確実さをもって」浮かんできたと述べています。*2

ペンローズも、同様の経験を述べています。ロンドンの横断歩道を渡る際に、同僚との会話が一瞬途絶えたときに着想が浮かんだのです。すぐに忘れてしまったが、夜帰宅してから思い出し、それまで長い間探していた定理の証明ができました。

ドイツの化学者**ケクレ**の発見も似ています。有機化合物の構造式を決定するのに苦労していた彼は、走る馬車の中でうとうとしたとき、6人の小人が手をつないで踊っている夢を見ました。これをヒントに、それまでの直鎖式化合物の常識から離れ、環状構造「ベンゼン環」を着想しました。

以上の例に共通しているのは、「**思いがけないところで、思いがけない出来事**をきっかけに、**素晴らしいアイディア**が生まれ、**大発見**がなされた」という事実です。

では、これらの事実は何を意味しているのでしょうか？「新しいアイディアの発見は偶然に支配される」ということでしょうか？　着想や霊感は、予告なしに天から降ってくるということでしょうか？　そうであれば、われわれは、過去の偉大な発見や発明の経験には学べないことになります。偶然では学びようがないからです。

しかし、そうではないのです。これらの例は、大発見がむしろ必然の法則に支配されていることを物語っています。それについて、以下に述べることとしましょう。

ポイント　科学史に残る多くの大発見が、偶然のきっかけで生じている。これは、何を意味するのか？

＊　彼は、王冠を破壊せずに金保有量を計る方法を求められていました。なお、古代ギリシャでは、裸で運動するのが普通であったため、男の裸はめずらしいものではなかったそうです。I・アシモフ（星新一編訳）『アシモフの雑学コレクション』、新潮文庫、1986年。

＊2　この着想がどの程度の重要性を持つものなのか、数学の門外漢には正確に評価できません。ペンローズは、「数学的思考の巨大な領域を包含する目覚しいものだ」と述べています。

BOX

最後の魔術師ニュートン

ニュートンのりんごの話は、作り話めいていますが、実話であったようです。これは、ニュートン自身がステュークリーという学者に話したこととされています。

このときニュートンは23歳の学生であり、同じ年に微分積分法を生み出し、光のスペクトルを発見し、さらに運動法則の研究に着手しました。この年（1666年）が「驚異の年」といわれるのは、もっともなことです。

翌年再びリンカーンシャーに帰ってきたニュートンが庭で考えごとをしていると、月が見えました。そこで、「万有引力は月にまで及んでいるのではないか？」と自問し、その影響を計算してみました。しかし、結果は、月を軌道にとどめておくことにはなりませんでした。万有引力の理論は、破綻したのです。そこで、ニュートンは、月は渦の中で動いており、重力だけでなく渦の力も作用しているのかもしれない、と苦しまぎれに考え始めました*……。

計算結果が理論と一致しなかったのは、地球の大きさに関する数値が誤っていたからです。それが分かって万有引力の理論が受け入れられたのは、だいぶ後のことでした。

１９３６年に、ニュートンの手稿が詰まった箱が競売にかけられました。それを落札した経済学者ジョン・メイナード・ケインズが驚いたことに、中にあったのは、**錬金術**の膨大なノートでした。「ニュートンは、理性の時代の最初の人ではなく、最後の魔術師であった」というケインズの有名な言葉は、ここから生まれました。

ジョン・メイナード・ケインズ

—＊　M・ゲルマン（野本陽代訳）『クォークとジャガー』、草思社、１９９７年。

●「いつも考えていた」から発見できた

重大な発見がなぜ偶然のきっかけで得られたかについて、**ニュートン**が明確に答えています。彼は、「どのようにして万有引力の法則を発見できたのか？」と尋ねられて、「**いつ**

もそのことを考えていたから」と答えたのです[*]。

つまり、彼は、その問題について思索を続けており、解決の一歩手前まで来ていたのです。そのとき、たまたまりんごが落ちるのを見たのがきっかけとなって、大発見に導かれたのです。りんごが落ちるのを見てから引力の概念を考え始めたのではありません。ですから、きっかけはりんごでなくともよかったのです。ものが棚から落ちるのを見ても、同じ発見に導かれたことでしょう。

実際、りんごが木から落ちるのを見た人は、人類の歴史において、ニュートン以前に数え切れないほどいました。しかし、彼らのうち誰一人として万有引力の法則に思い至りませんでした。ニュートンだけができたのです。それは、ニュートンだけが発見の近くまで思索を進めていたからです。

アルキメデスの場合も、同じことです。風呂に入って湯が溢れるのを見た人は、アルキメデス以前にいくらでもいました。しかし、浮力の原理は発見できなかったのです。ポアンカレの場合も、ペンローズの場合も、ケクレの場合も、すべて同じです。重要なのは、きっかけではなく、彼らが「**考え続けていたこと**」なのです。

「モーツァルトの音楽が発想に役立つ」といった類のことが、よくいわれます。もしそうなら、オーケストラの団員から素晴らしい発明がつぎつぎに出てきそうなものですが、実際にはそういう話も聞きません。

モーツァルトの音楽そのものが原材料になるのではなく、発想作業が進んでいたときに、モーツァルトの音楽がもたらした環境変化が発想を呼ぶのでしょう。

ポイント　ある問題について考え続けていたために、偶然からの出来事がきっかけとなって、大発見に導かれる。

＊　J・アダマール（伏見康治、尾崎辰之助、大塚益比古訳）『数学における発明の心理』、みすず書房、1990年。

●求めていたから見出せた

ニュートンやアルキメデスのような重要な発見ではありませんが、私自身も類似の経験をすることが多くあります。

例えば、文章を書いていて、適切な表現や言葉が見つからないときがあります。そんなとき、たまたま見た本や新聞で、**ぴったりの表現**を見出すことがあります。あるいは、そこからの連想で、適切な表現を見出すことがあります。

本や新聞に出ていた表現は、「**たまたま見つけた**」ものです。それが私の前に現れたのは、偶然です。しかし、適当な表現を**求めていた**からこそ、本の中の一箇所に反応したのです。同じ文章を見ている人は他にも大勢いるのですが、彼らはただ流し読みしただけでしょう。逆に、私が見逃したことから重大な発見をした人もいるでしょう。

同じような経験は、他にもあります。例えば、抽象的な概念などを説明するには、具体的な例を出すのがよいのですが、適切な例が思いつかないことがあります。そんなとき、町を歩いていて目に入ったものから、「これだ」と思いつくことがあります。これも、例示を求めていたからこそ、見出せたのです。考えていたために周囲の状況を吸収する能力が高まっており、そのために、たまたまのきっかけを摑むことができたのです。

ルイ・パスツール

きっかけは**偶然**であって、コントロールできません。しかし、重要なのは、それを待ち構えていた**姿勢**

ヴィルヘルム・レントゲン

アレクサンダー・フレミング

です。それさえあれば、きっかけは、特定のものでなくて、他のものでもよいのです。きっかけ自体は、それほど重要ではないのです。

ルイ・パスツールは、「発見において運がどんな役割を果たすか」と聞かれて、「**チャンスは心構えのある者を好む**」と答えました。[*]『科学と創造』の著者である米国のジャーナリスト、**ホレス・ジャドソン**は、偶然といわれる**ヴィルヘルム・レントゲン**のX線発見、**アレクサンダー・フレミング**らによるペニシリンの発見などを分析して、「**偶然は準備の整った実験室を好む**」と結論しました。[*2] **トルステン・ウィーゼル**（1981年のノーベル医学・生理学賞受賞者）は、「準備からきた知性は機会をとらえるが、準備ができていないと見逃す」と述べています。[*2]

発想の条件は、「**考え続けること**」です。考えていないときに発見や発想が天から降ってくることは、ありえないのです。「考えていること」こそが、アイディアを導くのです。

これは、実に簡単な答えで、拍子抜けするほど当たり前のことです。ですが、これこそが、「発想」のメカニズムに関する本質なのです。

ポイント **考え続けていれば、周囲の状況を吸収する能力が高まり、きっかけを掴むことができる。発想の条件は、考え続けること。**

＊ I・フレイトウ（西尾操子訳）『あっ、発明しちゃった！』、アスキー出版局、1998年。
＊2 三浦賢一『ノーベル賞の発想』、朝日選書279、1985年。

4 潜在意識の活動

●潜在的活動の重要性

発見的思考のかなりの部分は、**潜在意識**で進むように思われます。**ポアンカレ**は、数学的発見においてこのプロセスが重要な役割を果たすことを、つぎのように語っています。

突然天啓が下った如くに考えのひらけて来る（のは）、これにさきだって長い間無意識に活動していたことを歴々と示すものである。この無意識活動が数学上の発見に貢献すること大であることは、争う余地がないようにわたくしには思われる。

潜在意識の活動によって何が行なわれるのでしょうか？　**さまざまな組み合わせが試みられ、そこから有用なものだけが抜き出される**のです。「潜在的自我は、意識的生物が一生かかっても包容しえないほどのさまざまな組み合わせを短時間のうちにつくってしまう」という意味で、意識的活動より優れているとポアンカレはいいます。

ただし、彼は、「この無意識的活動は**意識的活動が一方においてこれに先立ち、また他方において後に続く場合にのみ可能**なのであって、さもなければ決して効果があがらない」と注意しています。つまり、無意識活動が独立して存在しうるのではなく、その前後に意識的活動がなければならないというのです。

最初の意識活動は、無意識活動を発動させるために必要です。ポアンカレはいいます。

一見途方もない見当外れをしていたかのような気がする日が幾日か続いた後でなけ

れば、彼の突然の霊感は決して下っては来ないのである。故にかかる努力は人の思うほど無効であったのではなく無意識の機械を発動させたのであって、もしこれがなければ、この機械は運転せず、したがって何ものも生産しなかったに違いない。

また、ポアンカレはこのようにも述べています。

霊感があった後に、再び意識的の活動を要するわけは、（中略）直接の結論を引き出し、それを整頓して証明を書き下す（ことにある）。

カール・ヒルティ

ポアンカレ以外にも、無意識過程の重要性を指摘する論者は多くあります。**アダマール**は、『数学における発明の心理』の3分の1以上を、この過程の分析にあてています。**カール・ヒルティ**も、「仕事を始めれば、知らぬ間に仕事がはかどる」と述べています。* **立花隆**氏は、インプット（情報の収集など）とアウトプット（書くこと）の間は、頭の中で無意識のうちに進められる操作であり、ブラックボックスだといいます。「頭の中の醗酵を待つ」のだというのです。[*2] **外山滋比古**氏は、同じことを「寝させる」と表現しています。[*3]

もっと単純な無意識活動なら、誰でも経験しています。例えば、人の名を思い出そうとして、どうしても思い出せません。しかし、それから暫くして、急に思いつきます。この間に、無意識のうちに記憶を探る作業が行なわれていたのでしょう。

第7章で取り上げる**マニュアル的発想法が有効と思われない**1つの理由は、このような無意識過程の作業を適切に行なっていないことなのです。

ポイント　**意識的な活動ののちに、無意識的な活動が生じる。その結果が「啓示」となって現われる。**

＊　本書の第3章の2を参照。
＊2　立花隆『「知」のソフトウェア』、講談社現代新書722、1984年。
＊3　外山滋比古『思考の整理学』、ちくま文庫410、1986年。

●控えの間

ところで、無意識活動は「**どこで**」行なわれているのでしょうか？

アダマールは、「私が一つの文を発音しているとき、その次にくる文はどこにいるのか？」と自問し、つぎのように答えています。

私の意識は一番目の文によって占められているから、そこにはないことは確かである。しかし私はそれを考えているはずであって、つぎの瞬間に現われる用意ができている。そのことは、無意識のうちにそれを考えているのでなければできるはずがない。しかし、この場合に関係するのは、きわめて表層にある、意識にごく近いものであって、その直後には無意識ではなくなってしまうたぐいのものである。

「無意識ではあるが、表層にあり、意識にごく近いところ」を、**フランシス・ゴールトン**は「**控えの間**」と表現しました。心の中に「**謁見室**」があり、ここでは完全な意識によって数個の観念が引見されます。そのすぐ外側の意識の及ばないところに「控えの間」があって、多くの観念が控えています。その中から謁見室の観念に最も近いものや最も都合のよいものが呼び出される、というのです*。私自身も、「控えの間」の存在を**明確に感じる**ときがあります。それは、英語を話しているときです。暫く後で話すこととなるキーワードを、「英語では何というのだったたか？」と探していることをときどき意識するのです。

意識（「謁見室」）は現在話している内容に専念しているのですが、その合間を縫って、「見つかったか？」という問い合わせが発せられます。それに応じて「控えの間」で単語探しが行なわれていることが、ぼんやりと感じられます。そのうち、実際の話は進展してゆく。そして、ついにそのキーワードを用いるべき箇所に至る。単語が見事に「謁見室」に引き出されているときもあるし、捜索に失敗して思い出せないときもあります。後で話すべき内容を考えているのだから、この心理状態は不思議なものだと、前から思っていました。アダマールの本を読んで、この心理は私だけのものではないと知りました。

ポイント　**無意識活動は、意識のごく近くにある「控えの間」で行なわれるらしい。**

＊　この説明は、アダマールの著書にあります。なお、ほとんど同じことを、社会学者グレアム・ウォーラスは「周辺意識」と表現しました。

5　発見のモデル

●ゲルマンのアスペン会議

理論物理学者の**マレイ・ゲルマン**は、1970年頃に、科学者、画家、詩人を集めて、「創造的なアイディアを思いつく体験」についての研究会を、アメリカ、コロラド州アスペンで開きました。議論の結果、参加者の経験はつぎの3段階として記述できることが分かりました。

第一に、私たちは解決の得られない問題について、何日も、何週間も、何ヵ月も考え続け、それを克服しようとした。第二に、問題をそれ以上意識的に考えてもどうにもならないところまできた。第三に、サイクリングをしていたり、髭をそっていたり、料理をしていたり、私の場合のように舌をすべらしたときに、突然、重要なアイディアが閃いた。私たちは袋小路から抜け出した。

私たちはみんな、互いの話しが非常に似通っていることに感銘を受けた。のちにな

ヘルマン・フォン・ヘルムホルツ

マレイ・ゲルマン

って、創造的行為に関するこうした知見がそんなに新しいものでないことを知った。一九世紀末の偉大な生理学者、物理学者であった**ヘルマン・フォン・ヘルムホルツ**が、アイディアを思いつく段階を、**没頭期、潜伏期、啓示期**と記述していた。これは、一世紀後にアスペンで私たちのグループが論じたことと完全に一致している。*

すでに述べたことから明らかなように、これは、**ポアンカレ**が述べていることとも同じ内容のものです。

ポイント　**アイディアが生育してゆく過程は、没頭期、潜伏期、啓示期に分けられる。**

＊ M・ゲルマン（野本陽代訳）『クォークとジャガー』、草思社、1997年。

なお、「舌をすべらした」といっているのは、講義で素粒子のスピンの値を5分の2というべきところを誤って1といったことを指しています。この言い間違いが実は正しく、これによって素粒子の崩壊の説明が得られました。

ヘルムホルツは、1896年の講演でこの考えを述べました。なお、社会学者ウォーラスが1926年にこれと同じことを書いており、それが心理学の関連分野で標準となりました。ヘルムホルツとウォーラスの考えは、アダマールの著書で説明されています。

●「発見」のモデル

以上をまとめれば、**ポアンカレ＝ヘルムホルツ**の「**発見モデル**」を、つぎのように示すことができるでしょう。

(1) 没頭期または準備期

まず、**意識的な活動**があります。第8章で述べる「第3法則」の言葉では、「**勉強期**」です。本を読んだり、計算をしたりする過程です。そして、答えを見出すための努力がなされます。

(2) 潜伏期またはふ卵期

意識的な活動は、**無意識での潜在活動**を起動させます。この過程は、さまざまな状況下で進行します。寝ているときも、仕事をしているときも、散歩したり食事をしたりしているときも。潜在意識で**さまざまな組み合わせが試みられ、**それらのうち意味があるものだけが選ばれます。「感受性や審美眼」によって選択が行なわれるのです。

第8章の「第1法則」「第2法則」で述べているのは、この過程です。第7章でマニュアル的発想法を批判する理由は、それらの方法がこの過程を意識活動として行なおうとしていることにあります。もっとも、私は、過程を意識的に行なうことを、全面的に否定しているわけではありません。

第8章で「第4法則」として述べるように、この過程を促進するのは主として「**環境**」だと捉えています。

(3) 啓示期

潜在意識で進行した選択は、何らかのきっかけで意識に浮上します。これが、「**発見者への啓示**」です。「**きっかけ**」は、場合によってさまざまです。**ニュートン**の場合には

「りんご」でしたし、**アルキメデス**の場合には「風呂」でした。

このモデルをもととして、発想を支援する環境を準備することができます。その具体的方法を、第3章、第4章で述べることとします。

(4) 検証と仕上げ

ポアンカレは、この後に第4段階目の「**証明期**」が続くべきことを強調しています。それは、結果を検証し、仕上げるためのものです。文章を書く作業では、論理構成を整えたり、適切な表現を求めて推敲する過程がこれにあたります。

ニュートンの例も、アルキメデスの例も、ポアンカレの例も、ケクレの例も、すべて以上のモデルで説明できます。事実、ほとんどすべての科学的発見が、このモデルで説明できるのです。

ポイント **発見活動は、没頭期、潜伏期、啓示期のモデルで説明できる。**

●天才たちの活動期

天才の精神活動は、生涯を通じて安定的に継続したとは限りません。

ヨハン・ヴォルフガング・フォン・ゲーテの場合は、**高揚期**を7年周期で繰り返しました。[*] 現在残っている作品は、すべてこの期間に書かれたものです。高揚期には数人の女性を熱烈に愛しましたが、それが過ぎると無関心になり、創作意欲も減退しました。『若きウェルテルの悩み』のロッテのモデルとされるシャルロッテ・ブッフも、数年後にゲーテを訪問したときは、冷淡な応対しか受けなかったといわれます。

ヨハン・ヴォルフガング・フォン・ゲーテ

ニュートンは、「驚異の年」の後、めだった業績のない時期が続きました。第二の高揚期は40代で、近代科学の基礎『プリンキピア』を書き上げました。のちに造幣局長官をつとめ、英国金本位制の基礎を築きました。かと思うと、「サウスシー・バブル（南海泡沫事件）」の時期に、株投機で大損失を被《こうむ》ったりしました。下院議員になったときもありますが、彼の議会発言として記録されているのは、「議長、窓をあけてください」というものしかありません。[*2]

ルジェ・ド・リール

ストラスブール要塞の守備隊大尉**ルジェ・ド・リール**は、1792年のある日、市長から依頼されて、「ライン軍のための軍歌」を一晩で書き上げました。その歌は程なく忘れられましたが、数ヶ月後、マルセイユの志願兵歓送会で突然広がり、パリに進軍した彼らによって、フランス全土に広められました。これがフランス国家「ラ・マルセイエーズ」です。しかし、リールはこれ以外に何の創作活動も行なわず、長い間フランス国歌の作詞・作曲者として認められませんでした。[*3]

---

* E・クレッチュマー（内村祐之訳）『天才の心理学』、岩波文庫、1982年。
*2 I・アシモフ（星新一編訳）『アシモフの雑学コレクション』、新潮文庫、1986年。
*3 S・ツヴァイク（片山敏彦訳）「一と晩だけの天才」『人類の星の時間』所収、みすず書房、1972年。

第1章のまとめ

1. 創造的な活動においては、あらゆる可能な組み合わせのすべてを取り上げていちいち考慮するのではなく、**無意味な組み合わせを最初から排除**しています。この判断を支配しているのは、「**直観**」といえますし、「**審美的感情**」とも表現できるものです。

2. 重要な科学的発見の多くは、偶然のきっかけで得られたように見えます。しかし、それに先だって、発見者が「**考え続けていた**」ことが重要です。これが潜在的な意識の活動を始動し、そこで発想が行なわれていたのです。したがって、発見のプロセスを、**没頭期、潜伏期、啓示期**に分けて捉えることができます。

発想力トレーニング

発想のためには、つねに思考を続ける「**現役**」であることが必要です。しかし、そうはいっても、実行は容易ではありません。

そこで、毎日できる**発想力トレーニング**をしましょう。運動選手が、毎日トレーニングするのと同じことです。是非実行してください。

発想力トレーニング（1）　通勤経路を変える

まず手始めに、通勤や通学の経路を、明日から少しだけ変えてみましょう。自宅から駅まで、また、駅から勤務先や学校までの道を、少し変えるのです。

もちろん、現在の経路は、試行錯誤の末に選んだ最短経路でしょう。しかし、少し遠回りになっても、違う道を歩いてみると、何かの発見があるかもしれません。1つ前の駅で降りて歩いてもよいし、電車やバスの別ルートが可能なら、1日だけでも違うルートを試してみましょう。乗用車で通勤している人なら、可能な道筋は、沢山あるに違いありません。あるいは、乗用車の代わりに自転車を使ってみる。

新しい道筋は、時間がかかるなどの点で、適切でないかもしれません。また、道筋を変えただけで直《ただ》ちにアイディアが浮かぶわけでもないでしょう。しかし、違うルートを考えるだけで、「日常的マンネリ」を断ち切る契機になります。それは、アイディア生産のために何かのヒントを与えてくれるはずです。少なくとも、あなたの脳の眠っていた部分が刺激され、活性化されるでしょう。

第2章

どうすればアイディアを生み出せるか

第1章では、発想の基本的なメカニズムを見ました。では、実際にアイディアを生み出すには、どのようにすればよいのでしょうか？　第2章では、その具体的な方法を考えます。

数学や物理学などの科学研究では、どのようにして発想が行なわれているでしょうか？われわれは、そこから何を学べるでしょうか？　この章では、**科学的発想法の本質**を探ります。

1 発想法はすでに習った

●学校の授業や遊びで発想法は習った

多くの人が、「〈**発想法**〉という特別の方法があり、発想力を高めるにはそれを学ぶ必要がある」と考えています。しかし、この考えは間違っています。なぜなら、**発想法**（あるいは、**考える方法**）の基本は、**学校の授業ですでに習っている**からです。

例えば、**数学**の授業です。数学は未知の答えを発見するプロセスですから、そこで用いられる方法論の中には、アイディアの発想につながるものが多くあります。**物理学**の研究も、物理的現象を説明する新しい理論の探求ですから、やはり発見のプロセスです。

実をいうと、発想法を学んだ場所は、学校だけではありません。**遊び**を通じても、われわれは発見のプロセスを（知らない間に）習得してきたのです。これについては、本章の6で詳しく述べます。

ところで、数学でも物理でも、発想の方法だけを取り出して習ったわけではありません。具体的な問題に則して、その解決法を学習したのです。遊びの場合も同様です。目の前にある具体的な問題に即して方法を考えました。

具体的な対象と独立した「**汎用的発想法**」というものは、考えにくいのです。「どの問題にどの方法を適用すべきか」といった判断は、実際の問題に即して訓練するほかはありません。

この章では、すでに学んだはずの「発想法」を復習することにしましょう。

数学は、ほとんどの人が勉強したはずです。ただし、忘れてしまっている人や、数学が嫌いだった人も多いでしょう。物理は、勉強しなかった人もいるでしょう。そうした方々は、とくに本章の議論を注意深く読んでください。

ポイント 発想法は、数学などの学校の授業ですでに習った。また、遊びを通じても、発見のプロセスを身につけた。

●無意識的に使えないと役に立たない

以下で述べることに関連して注意すべき点は、具体的な問題を考える際に、ルールをいちいち思い出し、「まず、○○法でやろう。それが駄目なら△△法で」などと考えても役に立たないということです。有効な方法を用いて考えることが癖になっていて、**無意識のうちに使える**ようになっていなければならないのです。

水泳の場合、最初は意識的に手足を動かします。しかし、慣れてくれば、手足は無意識で動きます。その段階にならないと、楽に泳ぐことはできません。発想のための方法も、同じです。癖になって無意識のうちに使えるのでなければ、駄目なのです。

これは、人間の能力が限られているため、複数のことに同時に注意を集中できないからでしょう。方法論に気を取られていると、肝心の対象からは注意が離れてしまうのです。

ポイント 発想の方法は、無意識のうちに使えるようにならないと、役に立たない。

2 創造的に模倣せよ

●模倣なくして創造なし

数学の問題を解くとき最も普通に用いられる方法（そして最も強力な方法）は、「この問題は、これまで解いた問題のどれと同じタイプのものか？」と考え、それに当てはめることです*。

学校の数学について、この方法が正しいことは明らかです。どんな問題も、基本形の変形か、複数の基本形の組み合わせに還元できます。ですから、どのパターンに当てはめればよいかが分かれば、解けます。

少なくとも、**試験問題**は、この方法ですべて解けます。考えてみれば、当たり前のことです。1時間や2時間という限られた試験時間内に、全く独創的な方法を生み出すことを求められるはずはないのです。

中学受験の算数の問題は、専門の数学者が見ても厄介なものです。しかし、受験生はスラスラ解いています。これを見ると大人は驚きますが、小学生が解けるのは、問題のパターンを覚えていて、当てはめるからです。全く独自に解法を編み出しているわけではないのです。

したがって、数学の成績を上げるための最も確実な方法は、**「数学は独創」という思いこみをやめる**ことです。そして、「数学は定型的パターンの当てはめ」「その意味で、**暗記**」と割り切ってしまうことです。このような発想の転換ができれば、数学の成績は間違いなく向上します。逆にいうと、「自分が編み出した方法で解かねばならない」とこだわっている限り、数学の成績はよくなりません。

このアドバイスは、逆説的に聞こえるかもしれません。あるいは、「点取り虫の姑息《こそく》な手段」として、反発する人がいるでしょう。しかし、これは真実なのです。

「数学は自分で解法を編み出さなければならない」と思い込み、「だから数学は難しい」と敬遠したり、余計な苦労をしている人は、実に多いのです。数学教師の最大の義務は、学生をこの固定観念から解放することです。

発想一般に関しても、数学の場合と同じように、過去に成功したパターンに当てはめるのが、最も強力な方法です。しかし、数学の場合と同様、こうした方法を批判する人が多くいます。「パターンに当てはめるだけでは、定型的な思考しかできない。自由に発想しないと創造はできない」というのです。

しかし、第1章で強調したように、発想とは、無から有を生み出すことではありません。既存のアイディアを組み替えることなのです。全く一から創造するということは、普通はないのです。「**模倣なくして創造はない**」のです。

ポイント **数学の問題は、過去に解いた問題のパターンに当てはめて解く。発想一般についても、これが最も強力な方法。**

＊野口悠紀雄『「超」勉強法』、講談社、1995年。

●創造的剽窃《ひょうせつ》行為こそが重要

物理学の方法論も、基本的に同じものです。つまり、「古いアイディアを再利用する」のです。例えば、水素原子の古典的なモデルは、陽子の周りを電子が回るというものです。これは、地球の周りを月が回るモデルを借りてきたものです。相互作用は重力ではなく電磁気力なのですが、このモデルは、水素原子のさまざまな挙動をうまく説明します。

ローレンス・クラウスは、「今世紀における（物理学の）重要な革命のほとんどは、古いアイディアを捨てることによってではなく、何とかそれと**折り合おう**とした結果得られたものだ」と述べています。

ローレンス・クラウス

アルベルト・アインシュタイン

そして、その例として、**アルベルト・アインシュタインの相対性理論**が、それまでの物理学をできるだけ維持するという立場から作られたことを挙げています*。**ガリレオ・ガリレイの相対性原理**（等速運動する観測者の間で物理法則は同一）と**ジェームズ・クラーク・マクスウエルの理論**（どの観測者にとっても電磁波の伝播速度は同一）を両立させるためには、時間や距離が変化するという考えを持ち出さざるをえなかったのです。

学界の正統的見解に対して「一人ぼっちの反乱」といわれた独創的な説を提示し、1978年にノーベル化学賞を受賞した**ピーター・ミッチェル**は言います。

ガリレオ・ガリレイ

ジェームズ・クラーク・マクスウエル

「一人一人の人間は他の人間の肩の上に立っています。（中略）だから、あまりにオリジナリティを主張するのは間違ったことなのです。（中略）だれ一人として考えていなかったような領域について、何か貢献をするということは考えられません。私はそんな類のアイディアがあるとは思えないのです[2]」

そして、「若い研究者が心がけるべきことは、最小の変革ですむように考えることだ」といいます。「古いアイディアを**剽窃**して何にでも使ってみよ」「新しい問題をすでに**解決済みの問題に焼き直せ**」。クラウスは、これこそ最先端の現代物理学まで連綿と続く物理学の基本的方法論だと断じ、こういいます。

新発見がなされるとき、いつも中心的役割を果たすのは抜本的に新しいアイディアであるーこんな言葉を信じている人もいるのではないだろうか。しかし、本当のことをいえば、たいていはその逆なのである。古いアイディアは生き延びて、あいかわらず多くの実りをもたらしてくれることが多い。

（中略）

古いアイディアの焼き直しが毎度のようにうまくいったので、物理学者達はやがてそれに期待するようになった。新しい概念もたまには登場するけれど、その場合でも、既知の知識の枠組みからむりやり押し出されるようにして生まれてきたものにすぎない。物理学が理解可能なのは、まさにこの**創造的剽窃行為（creative plagiarism）**のおかげである。

ポイント　物理学では、「新しい問題をすでに解決済みの問題に焼き直せ」というのが基本的な方法論。

＊　L・クラウス（青木薫訳）『物理の超発想』、講談社、1996年。

＊2　三浦賢一『ノーベル賞の発想』、朝日選書279、1985年。

●明かりのあるところを探せ

クラウスは、この立場をさらに推し進め、つぎのように言います。

「暗い夜道で車のキーをなくしたことに気づいた。どこを探せばよいか？」

これに対する物理学者の答えは、「近くの街灯の下を探せ」というものです。なぜなら、そこで鍵をなくしたかどうかはともかく、見つかりそうな場所はそこしかないからです。

この答えは、一見したところ、いかにも乱暴なものと思えます。しかし、よく考えてみれば、合理的なものです。「もし道具が金ヅチしかなかったら、人はどんなものもクギとして使うだろう」というのと同じことです。クラウスは、「明かりのあるところを探せ」という原則にしたがって、既知の道具を用いることにより解かれた多くの物理的問題を紹介しています。そして、つぎのように言います。

物理学においては、新しいアイディアよりは、使い物になるアイディアの方が重んじられるのである。かくして、過去に役だった概念や定式化、テクニック、〝描像〟をあれこれいじくっては、山のような新しい状況に適用してみることになる。

つまり、「使えるネタはとことん使え。うまくいったら二匹目のどじょうを狙え」というわけです。

ポイント **暗い夜道で車のキーをなくしたら、近くの街灯の下を探すのが最も合理的。新しい問題を解くには、まず古い方法を使う。**

●模倣からの脱却

通常は独創的な発想が必要と思われている数学や物理学においても、以上で述べたように、「**模倣なくして創造なし**」という原則が正しいのです。

ただし、誤解のないように、つぎの2点を注意しておきましょう。

第一に、以上で述べたのは、「**成功した方法を模倣する**」ということです。何でも模倣すればよいというわけではありません。模倣の対象を誤ってはならないのです。例えば、飛行機は、鳥の模倣を捨てたときに成功しました（次ページBOX参照）。飛行する機械を作る際の模倣の対象として、鳥は適切なものではなかったのです。

第二に、「模倣なくして創造なし」とは、「**創造に至る出発点が模倣**」ということです。

模倣だけにとどまっては、進歩がないことは明らかです。第6章の1で、「先行業績の勉強と権威主義は紙一重」であると注意し、論語の教えを思い出すことが必要と述べます。それと同じことが、ここでもいえます。

「パターンに当てはめるだけでは、定型的な思考しかできない」という批判に一定の真理が含まれていることは、事実なのです。既存のパターンに束縛されると、自由な発想ができません。多くの問題は定型的パターンの当てはめで解けますが、それに終始しては限界があります。パターンの当てはめと、それからの脱却努力を適切にバランスさせることが必要なのです。ただし、それは、きわめて難しい課題です。

ポイント　**模倣の対象を誤ってはならない。また、模倣にとどまっては進歩がない。**

BOX

模倣をやめて成功した飛行機

鳥は、羽ばたきによって、揚力と推進力を同時に生み出しています。初期の飛行機の試みは、これをそのまま模倣しようとしたために、うまくゆかなかったのです。

　このアプローチを放棄し、揚力は固定翼により、そして推進力はプロペラにより、それぞれ別に発生させたために、飛行機が成功しました。飛行機は、自然の**模倣を放棄**することによって成功した代表例です。現代の飛行機は、鳥とは比べ物にならないほど強力な機械になりました。

ハーバート・ジョージ・ウエルズ

　考えてみると、自動車も列車も、それどころか馬車でさえも、動物とは異質のメカニズムで動いています。なぜなら、車輪という回転体は、動物にはありえない仕組みだからです。プロペラもそうです（動物の器官を回転すると、神経や血管がねじれてしまいます。「腕を回す」といいますが、途中でもとに戻しているのです）。

　なお、**ハーバート・ジョージ・ウエルズの『宇宙戦争』**に出てくる火星人の乗り物は、動物と同じように歩行します。地球上の乗り物の模倣を放棄したために、想像の世界での異星的な乗り物が生まれました！

3 枝葉末節を切り捨ててモデル化する（その1）

●結論にジャンプした指導教官

私がエール大学の大学院生として博士論文を書いていたときのことです。指導教授の1人である**ウイリアム・フェルナー**教授は、私の説明をなかなか分かってくれませんでした。同じことを何度も質問されます。最初私は、フェルナー教授は、理解能力が低いのではないかと疑いました。

しかし、暫くして、それは全くの思い違いであることが分かりました。例えば、彼は、私が数式を展開して導いた結論を、いとも簡単に直観で導きました。そればかりでなく、その結果の意味するところや、条件を緩和した場合の結論などを示唆しました。数式を展開して得られるよりも一般的な結果を導いたのです。私のようにいちいちステップを踏んで考えたのでなく、**ジャンプ**して答えを出したからです。あるいは、少なくとも、答えの方向を出したからです。

フェルナー教授の頭の中には、特別の思考回路があったのです。それは、彼特有の「経済学の論理体系」とでもいえるものです。それに当てはめると、答えが直観的に分かるのです。あるいは、ある答えが正しいかどうか、どちらの方向に論理を進めればよいか、などが分かるのです。

最初の段階で私の話を繰り返し聞いたのは、私が言っていることをその体系に翻訳する作業をしていたのでしょう。その過程を外部から見ると、「理解が遅い」と思えたのです。

ポイント　私の経済学の指導教授は、特別な思考回路を用いて、ステップを踏まずに直観的に結論を導くことができた。

●計算なしに結論にジャンプできる

「ある種の論理体系を用いると、答えに**ジャンプ**できる」というのは、しばしばみられることです。

例えば、つぎの問題を考えてみましょう。

何も障害がない場所で、銃から水平方向に弾丸を撃ち出す。一方、それと同時に、別の弾丸をぽとりと地面に落とす。どちらが先に地面に着くか?

直観的に考えると、撃ち出されて長い距離を飛ぶ弾丸は、ゆっくりと地面に落ちるように思われます。では、弾丸の運動を、式で表わして解いてみましょう。少し複雑ですが、「空気抵抗を無視する。撃ち出された弾丸の初速をvとする」といった具合で、物理を勉強した人なら解けるはずです。答えはどうでしょう？　直観に反して、「同時」です。

ところで、この答えは、もっと簡単に出せるのです。そのためには、水平方向の運動と落下運動を分離すればよい。すると、落下運動に関しては両者に差はないので、地面に着くのも同時だという結論が直ちに導けます。

私自身にも思い出があります。大学教養過程の物理の試験で、まともに解くと手におえないほど厄介な計算になる電磁気学の問題が出ました（残念ながら、具体的な内容を忘れてしまいました）。しかし、エネルギー保存則を使うと、ほとんど計算をせずに正しい答えを導出できたのです。

ポイント　問題をある枠組みで考えると、複雑な計算などなしに結論にジャンプできる。物理学ではとくに有用な方法。

●モデルとは

以上で述べたことを、「**モデル**」という概念で捉えることができます。

モデルとは、現実を単純化・抽象化して、近似的に記述するものです。本質的と考えられる要素を抜き出し、それらの間の関係がどうなっているかを記述します。現実のデータをそれに当てはめて、モデルが正しいかどうかを検証します。そして、モデルを用いて現実の対象の挙動を理解したり、予測したりすることができます。こうしたことができるのを、「操作的である」といいます。多くの学問分野で、モデルは、理解、発見、予測などのために、本質的な役割を果たしています。

例えば、「**地動説**」は、宇宙を理解するための1つのモデルです。それを用いると、天球上を逆行したりする惑星の複雑な動きを、簡単に説明することができます。実際の太陽系がどうなっているかを観測できなくとも、このことだけで「地動説モデル」は意味があります。**ガリレオ**は、木星の衛星や金星の満ち欠けを望遠鏡で観察して、地動説が正しいことの証拠を増やしました。しかし、それがなくても、地動説は有効なのです。

物理学で「過去に成功した方法を何度でも使う」という場合の「方法」というのは、主として「モデル」のことです。例えば、水素原子を理解するために、太陽系のモデルを使ったのです。また、「二次元運動は2つの一次元運動に分解できる」ということ（これは、ガリレオが初めて示したものです）や、「エネルギー保存則」が、それぞれの場合の「モデル」です。最初は私の話を理解してくれなかったフェルナー教授が、暫くしてから結論をすぐさま出すようになったのは、彼独自の経済モデルが動き始めたからです。

経済学でよく用いられるモデルとして、経済全体を方程式体系で表わす計量モデルがあります。「消費関数」「投資関数」などの方程式によって経済主体の消費行動や投資行動を記述し、現実のデータを用いて方程式の係数を推定します。そして、それを用いて政策の効果を評価したり、予測したりするのです。

経済学には、もっと原始的なモデルもあります。例えば、「**需要と供給**」です。さまざまな経済現象をこの2つの要因に分けて考えます。これだけでも、実に多くの経済現象を的確に理解し、系統的に把握することができるのです。「成功した方法をとことんまで使う」という物理学者のアドバイスのとおり、経済学者はこのモデルを「とことんまで」使おうとしています。

なお、ある学問分野のモデルは、1つだけとは限りません。例えば、経済学における古典モデルとケインズ・モデルの対立のように、**異なるモデル**がその正しさを主張して、論争が起こることもあります。
また、モデルといっても、数学的なモデルとは限りません。本章の5で述べるように、モデルを図で表すこともできます。

ポイント **現実を単純化・抽象化して近似的に記述する「モデル」が、多くの学問分野で基本的な働きをしている。**

●枝葉末節を切り捨てる

モデルで重要なのは、**現実の近似**です。

アリストテレス

その例として、**物体の落下運動**を考えましょう。鉄球、布、羽毛が落ちてゆくさまを見ると、この順で速く地上に達することが観察されます。ですから、「**重い物体ほど速く落ちる**」という法則が成立するように思えます。実際、**アリストテレス**以来、人類はその命題に何の疑いも持っていませんでした。

しかし、こうなるのは、**空気の抵抗**があるからです。それを無視すれば、すべての物体は同じ速さで落ちます。**ガリレオ**は、**ピサの斜塔**から重さの異なる2つの鉛球を落とし、同時に地上に達することを示しました。地上の鉄板に鉛球が同時に当たって発した音は、「**近代科学の始まり**を告げるものであった」といわれます（次ページBOX参照）。

ガリレオの成功は、「本筋に関係ないことは全部切り捨てる」という方法によってもたらされました。これこそが、「モデルを作る」ということの本質的な意味です。そして、このことが、**近代科学の基本的な方法論**なのです。

しかし、切り捨てるのは難しいことです。「たとえ不要な情報でも捨てたくない」というのは、人間の自然な欲求だからです。この欲求に打ち勝つことこそ、物理学で最も重要な態度であると、クラウスは述べています。

また、「何を重要な要素として取り出すか？」「安心して捨ててよいものと本質的に重要なものとを区別するには、どのようにしたらよいのか？」、これらも、きわめて難しい問題です。**ポアンカレ**のいう「審美的感覚」がこの段階で重要な働きをしているのは事実ですが、その判断がつねに正しいとは限りません。事前にはそうした区別はつかないことも多いのです。「行けるところまでゆくしかない」とクラウスはいいます。

ポイント　本質的でないものを切り捨てて現実を近似するのが、モデル構築のポイント。ガリレオは、空気抵抗を切り捨てることによって、正しい世界認識に到達できた。

BOX

ガリレオの論証は正しいか？

ピサの斜塔の有名な実験は、実際には行なわれなかったのかもしれません。なぜなら、ガリレオは、「すべての物体は重さに関係なく同じ速度で落下する」という命題を「**論理的に**」証明しているのです。

「重いものほど速く落ちるとすると、重いものと軽いものを結合した場合には、その中間の速さで落ちるはずだ。他方で、より重くなることを考えればより速く落ちることとなり、矛盾する」という論理です[*]。つまり、アリストテレスの命題を、演繹的な方法で否定したのです。

ところで、旧ソ連の物理学者**A・B・ミグダル**は、ガリレオの論理は完全でないことを指摘しています[*2]。もしアリストテレスの命題が正しいとすると、重いものと軽いものを固く結合していればより速く落ちることとなり、ひもで結ばれていれば重いものよりゆっくり落ちようとします。ですから、混合物体の重さは結合の仕方に依存することになります。ところが、実験によれば、それは否定されます。したがって、どうしても何らかの実験が必要というのが、ミグダルの意見です。

＊　ガリレオ・ガリレイ（今野武雄、日田節次訳）『新科学対話 上』、岩波文庫、1937年（絶版）。
＊2　A・B・ミグダル（長田好弘訳）『理系のための独創的発想法』、東京図書、1992年。

4　枝葉末節を切り捨ててモデル化する（その2）

●抽象化すればモデルが分かる

「一見して非常に異なる様相を呈しているものが、抽象化すると同じモデルに帰着できる」ということがよくあります。

例えば、金融工学では、**株価の変動**を「ブラウン運動」として記述します。これは、気体の分子の運動のようなでたらめな運動です。この運動の性質は物理学で研究されているので、その手法を用いて、株価の変動を分析することができるのです。

さらに驚くべきことがあります。**オプションの価格の分析**に、熱伝導の研究結果が応用できるのです（「オプション」とは、株などの資産を一定の価格で将来購入したり売却したりできる権利のこと）。オプション価格を求める微分方程式を変換すると、**熱伝導方程式**と同じ形の微分方程式が現われます。これは物理学で研究されているテーマなので、それを用いて解を求めることができます。

オプションという金融の問題に熱伝導の理論が応用できるとは、いかにオプション取引の専門知識を持っている人でも、気づくことはできません。微分方程式という**抽象的な手段**で記述したために、初めてそれが可能となったのです。

一般に、「**理解**」のためには、**具体的**な説明のほうがよいと考えられています。しかし、「**発想**」のためには、**抽象的**な形で表現されているほうがよい場合があります。それによって、新しい結びつきが可能になるのです。

ポイント 抽象的なモデルで記述することによって、一見無関係な分野の研究結果が応用できることがある。

BOX

具体的すぎて分からない

工学部の応用数学の先生から聞いた話です。理学部の数学の先生と議論したとき、「あなたのいうことは具体的すぎてよく分からない。もっと抽象的に述べてください」といわれたそうです。

常識で考えると、逆のように思えます。しかし、「抽象化すればモデルが分かる」という立場からすると、必ずしもそうとはいえません。具体的なためにさまざまの些細な要素が関連しているように見え、物事の本質が分からなくなってしまう場合があります。抽象化することによって、物事の本質が見える場合もあるのです。

●ビジネスモデル

「**モデル**」という概念が有用なのは、科学研究に限ったことではありません。これは、**ビジネス**においても大変重要な概念です。

ただし、ビジネスでの「モデル」は、理解のための手段というよりは、**新しい事業を考えるための発想の手段**としての意味が強いといえます。内容も、「類型化」や「方法の体系」といった意味合いが強く、物理学などで用いられるモデルとは少し違います。

例えば、「**スーパーマーケット方式**」や「**カンバン方式**」、あるいは「**ジャスト・イン・システム**」「**水平分業**」などは、ビジネスモデルの例です。

インターネットを用いるビジネスでは、新しいビジネスモデルの開発が大変重要な役割を果たします。「検索連動型広告」は、その典型例です。

ただし、ＩＴビジネスにおけるビジネスモデルは、まだ完全に確立されたとは言いがたい面があります。同様のことは、新しい技術に関しては、過去においてもありました。例えば、「**ラジオ**」という技術の利用に関するビジネスモデルは、最初から確立されていたわけではありません。ラジオが発明された直後の時代には、船舶への気象情報の伝達や加入者への音楽番組の配信など、「ポイントからポイント」への有料通信手段として用いられていました。広告収入で費用を賄《まかな》い、不特定多数に「放送」するというビジネスモデルが確立されたのは、暫くしてからのことです。

ポイント　「モデル」という概念は、ビジネスにおいても大変重要。

●指針となしうる経済学のモデル

経済学のモデルや法則には、ビジネスを考える場合にも役立つものが多くあります。そのいくつかを紹介しましょう。これらは、新しいビジネスを考える際のガイドラインとして有効でしょう。

◎**比較優位の原則**：経済活動の**分業**を決める基準となるのは、絶対的な優位でなく、**相対的な優位**です。例えば、自動車についてもＰＣ（パソコン）についてもＡ国の生産費がＢ国より低かったとしても、相対的な意味でＡ国の自動車の生産費が低ければ、Ａ国は自動車生産に特化し、ＰＣをＢ国から輸入するのがよいのです。

これと同様に、ＩＴビジネスが今後成長するからといって、誰もがこれに向いているわけではありません。個人や企業の相対的な特性を生かす分野を探すべきです。

◎**一般均衡モデル**：ある変化がもたらす影響を捉えるには、その変化が**経済全体に及ぼす影響**も考慮に入れる必要があります。19世紀の中頃。ゴールドラッシュで多くの採掘者がカリフォルニアに集まったため、生活必需品が不足し、激しいインフレーションが生じました。その結果、金採掘者のほとんどは、貧困のままでした。儲けたのは、不足する生活必需品を供給した人々です。

これと同様に、ITビジネスや高齢化ビジネスが今後有望だからといって、多くの企業が殺到すれば、その分野で必要とされる労働力（とくに専門家）の賃金は上がります。そして、その分野の事業の収益率は下がるでしょう。こうした影響を考慮すれば、将来有望なのは、ITビジネスや高齢化ビジネスに不可欠なサービスを提供するビジネスかもしれません。

◎**リスク分散の原理**：リスクを低減させるには、**逆相関**にあるような対象に投資を分散させるべきです。ITビジネス関連株に投資を集中させるのは、危険な投資戦略かもしれません。

ポイント　比較優位の原則など経済学のモデルや法則も、ビジネスを考える際に重要な指針

になることがある。

●モデルなき分野？

第7章で、機械的な発想法に対して批判を加えます。その基本的な理由は、これらの方法論の多くが、「**モデル**」という概念を無視ないしは軽視していることです。カードに書きとめた断片的な観測を組み替えて結論を導こうとするＫＪ法は、その例です。

こうした手法を使うと、誤った結論を得る危険があります。観測されることや思いついたことをすべて書き上げていくと、議論の本筋とは関わりのないことがかなり出てきます。これが、論理の筋道を乱すこともありえるのです。

例えば、物体の落下を観測してカードに書きとめてゆけば、「**重いものほど速く落下する**」という結論しか導けないでしょう。本章の3で述べたように、**ガリレオ**の洞察はそうした観測結果を乗り越えたからこそ、近代的な科学の出発点になりえたのです。

また、カード法を用いると、**因果関係と相関関係を区別できず**、因果関係を逆に捉えてしまうこともあります。あるいは、ＡがＢとＣを引き起こすというときに、ＢがＣの原因であると考えてしまうこともあります。

多くの科学において、**観測**は、**仮説を検定**するために行ないます。少なくとも、解明したい問題や主張したい命題がまずあり、それらに関連したデータを集めて分析するのです。最初から闇雲にデータを集めても、「**理論なき計測**」になってしまいます。「**幹**」に相当する部分があるからこそ、「**葉**」があります。葉を沢山集めてきて幹を作るということは、ありえません。「モデルなくしてデータなし。理論なくして観察なし。世界観なくして分類なし」というのが、学問分野での常識でした。

ただし、**ＡＩの機械学習**で**ディープラーニング**という方法が用いられるようになって、以上で述べた基本的方法論が変わるのではないか、といわれることがあります。この問題は、科学的方法論の基準にかかわるきわめて重要なものですが、本書の範囲を超えるため、ここでは論じないこととします*。

もちろん、どのような方法がよいかは、仕事の**内容**に大きく影響されます。第8章でも述べるように、商品の**ネーミング**のような断片的な対象を考えるには、マニュアル的な方法が役立つかもしれません。また、文化人類学では、何らかの理由により、第7章で述べるＫＪ法的なアプローチが有効なのかもしれません。

ただし、商品名というような対象についても、モデルがあるほうがよいのです。例えば、色に関する人々の好みが性別や年齢によって異なるとすれば、それに関する法則性（モデル）は、強力な道具となるはずです。

ポイント **カードの並べ替えなどの方法は、「モデル」の意義を軽視している。**

＊この問題に関しては、左記を参照してください。
野口悠紀雄『データ資本主義』（日本経済新聞出版社、2019年9月）。

5 逆向き発想法

●逆向きに考える

以上で述べたものの他にも、数学や物理学の方法には、発想に役立つものがあります。

まず、「**結論から逆に考える**」という方法があります。「この答えが出るためには、これがいえればよい。それがいえるためには……」と逆行する方法です。幾何学の証明問題をはじめとして、数学ではよく用いられます。

具体的には、つぎのように進めます。

（1）「**求められているものは何か**」をはっきりさせます。現実の問題の多くは、幾何の証明問題とは違って目的がはっきりしていないので、まずゴールを明確にするのです。

（2）つぎに、「その条件を満たすには、どのような方法があるのか。あるいは、**どのような条件が満たされていればよいのか**」を考えます。

（3）「それと**現実に存在するものとの差**は何であり、どのようにすれば埋めることができるのか」と考えを進めていきます。

一般に、目指すものがはっきりしている場合には、この方法で解が得られることが多くあります。数学の問題では、最終ゴールが明確な形で与えられていますから、「逆向き発想法」を用いやすいのです。

しかし、現実の世界では、最終的な目的さえ必ずしも唯一とはいえません。実際、目的に執着しなかったから成功したという場合もありうるのです。

ポストイットの例はよく知られています。３Ｍ社が糊の新製品を開発したが、強度が足りなかった。これは、失敗作でした。しかし、「不完全な糊の使いみちはないか」と考えて、ポストイットが発明されたというのです。あるいは、テフロンは、デュポン社の研究所で、冷却ガスの製造に失敗したために、偶然生まれました。* こうした例を見て、「失敗であってもその応用を考えよ」というアドバイスがなされます。

また、結果を得るための条件は、つねに1つとは限りません。むしろ複数あるのが普通です。しかし、それらのうちの適切なものを選ばないと、成功しません。また、解決までのステップ数が非常に多い場合には、答えを見出しがたい場合が多くあります。こうした理由で、この方法がつねに成功するとは限りません。

ポイント　**求める解から逆向きに考えることで、有用な結果が得られることがある。**

＊　I・フレイトウ（西尾操子訳）『あっ、発明しちゃった！』、アスキー出版局、1998年。

●図を用いる

幾何学の証明問題では、必ず**図**を用います。適切な補助線を見出すことが、解を見出すキーとなります。数学で図が有効なのは、幾何学に限ったことではありません。関数のような抽象的な概念も、図に描くと直観的に捉えやすくなります。

経済学でも、**抽象的な概念**を考えるのに、**図**を多用しています。

誰でも知っているのは、「需要曲線」と「供給曲線」です。「所得の増加は需要曲線を右上方にシフトさせる」などというように、条件の変化による価格変化を簡単に捉えることができます。このようにして、複数の変数が解に与える影響を直観的に捉えることができます。

関係が複雑なために方程式の解析解が得られない場合でも、図を用いて解の性質を調べることができます。例えば、変数が2つある微分方程式の解の性質を「**フェイズ・ダイヤグラム**」という図を用いて調べることなどが、よく行なわれます。

図を用いるのは、理解のためである場合が多いのですが、直観的に答えを見出すことができるという意味では、**発想の道具**にもなります。ただし、つぎの2点に注意しましょう。

第一に、「図を描け」というだけでは、有効なアドバイスになりません。「**どのような図を描くか**」が重要だからです。これに関して一般的なルールはありません。有効な図は、場合により対象により、千差万別です。

第二に、図を描くことには欠点もありえます。なぜなら、**具体的なイメージに束縛**されてしまい、抽象化できない場合があるからです。先に述べた「抽象的モデルが重要」ということを考慮すると、これは、発見の障害になることもありうるのです。

ポイント　図を描くのが有用なのは、幾何に限ったことではない。モデルを図示するのは、とりわけ重要。

●帰納法で発見する

「特殊な事例からより一般的な法則を導き出す」こともできます。これは「**帰納法**」といわれる方法です。

例えば、任意の三角形を描き、その辺の長さを計る。それをa、b、cとすると、直角三角形の場合には、$a^2 = b^2 + c^2$ の関係が成り立つことが分かります。そして、この関係は、直角三角形の場合にのみ成り立つことも分かります。

また、$a^n = b^n + c^n$ という関係はnが3以上の整数である場合には成り立たないだろうという推論もできます。

このように、「**具体的なケースを対象として観察**を行ない、具体的な数値を用いて答えを出してみる。そこから、一般的な法則を推論する」というのは、対象の性質を理解するためにしばしば行なわれる方法です。最初から抽象的な問題を考えようとしても摑み所がない場合が多いため、具体的なケースから出発するのです。

数値を変えたり、さまざまなケースを観察したりすると、そこから一般的な法則が見えてくることがあります。具体的なケースを**徐々に抽象化**してゆくことにより、一般的なルールを見出すのです。あるいは、一般的な適用可能性を持つモデルを作り上げるのです。これが、「帰納法的な発見」の過程です。

この方法は、**科学の歴史**において重要な役割を果たしてきました。科学的な法則の多くのものが、さまざまなケースに共通する性質を抜き出すことや、具体的な場合の答えを、より一般的なケースに拡張することによって得られてきました。

ただし、具体的な観察結果にこだわりすぎて、本質的な法則を見誤ることも多くあります。これは、天動説や落下運動の法則に関してすでに述べたことです。帰納法的な方法と抽象的なモデル分析とのバランスをどう取るかも、実際には非常に難しい問題です。

ポイント 具体的なケースの観察から一般的なルールを見出す「帰納法」も、発見において

重要な役割を果たす。

●特殊な場合を考える

数学公式を理解するために、**特殊なケース**を考えることがよくあります。例えば、公式に現れる係数の値がゼロの場合、1の場合、無限大の場合などを考えます。それによって、式が単純化され、公式のいわんとすることの本質が見えることがあります。

正しいかどうかが不確かな結果をチェックしたい場合にも、この方法がよく用いられます。例えば、学生の論文を読む場合です。これは、発想にも役立ちます。

ポイント　**数式を理解するには、係数の値が特殊な場合を考えてみるとよい。**

6　遊びは発想の原点

●遊びを通じて学んだ発想の方法

「答えを見出す」ことが目的である**遊びやゲーム**があります。われわれば、子供の頃から、これらを通じて、「発想の方法」を知らず知らずのうちに学んできました。

「なぞなぞ」は、答えを見出してゆく遊びです。しばしば重要なのは、飛躍した発想をしてみることです。言葉の表面的な意味や具体的なイメージに囚われずに一般化したり、普段とは逆の解釈をしてみることによって答えが見出せる場合があります。これは、**「抽象化」の訓練**を行なっているのだとも解釈できるでしょう。

ジグソー・パズルは、基本的には「**組み合わせの発見**」です。断片の組み合わせから、意味がある結合を見出してゆくプロセスです。この遊びも、発想のための訓練になっているのかもしれません。**クロスワード・パズル**は、ヒントから適切な言葉を見つけようとするものです。これは、与えられている条件から目的に至る過程を見出す訓練になっています。

遊びが発想の訓練になるのは、以上に限られません。実際、子供は、ありとあらゆるものを遊びの対象としています。遊びの道具が用意されていなくとも、工夫して周りの環境を遊び場に変えてしまいます。ガラクタを使って遊び道具を作ったり、壊れた自転車や時計、道具などを最高の遊び道具に変えます。空き家や倉庫や材料置き場が遊び場だった思い出を持つ人もいるでしょうし、裏山や藪が遊び場だった人もいるでしょう。それらの環境を遊び場に変えるために、子供たちは、奇想天外な発想をし、空想を膨らませているのです。

グラハム・ベル

子供のときのおもちゃが、科学者や発明家の好奇心を育てることも多くあります。**アインシュタイン**が科学に興味を抱いたきっかけは、子供のときにもらったコンパスだったといいます。**グラハム・ベル**の場合は、少年の頃音叉《おんさ》の実験をしたことが、のちに電話の発明の鍵になりました。

こうした経験を通じて、人間はさまざまなことを学んでいます。試行錯誤の必要性、物事をさまざまな側面から見る必要性などです。そして何よりも、新しいものを作り上げたときの喜びの経験です。われわれは、遊びを通じて発想や創造の基本訓練をしてきたのです。

ポイント　**人間は、子供のときの遊びを通じて、さまざまな発想の訓練を行なっている。**

●なぜ遊びが重要なのか

「**遊び**」ができるのは、**高等動物**に限られます。長時間遊びに熱中できるのは、人間だけです。他の動物も遊びを行なうことはありますが、短時間しか継続しません。この点で、人間は特殊な生物です。その気になれば、10年以上の期間を1日中遊びだけで過ごすこともできます。

「親の保護下にあるので、食料獲得行動などを行なう必要がない」という理由もあるでしょう。ただし、もっと重要なのは、**好奇心が持続する**という点です。進化の頂点にある生物にこのような能力が与えられているのは、決して偶然のことではないでしょう。遊びには、きっと**深い理由**があるに違いありません。子供のときに遊びに熱中することは、それ以降の精神形成に重要な影響があるに違いありません。

実際、**科学者**は強い好奇心だけに導かれて研究に没頭します。その意味では、遊びと同じことをやっているのです。科学者の心の中では、子供のときの遊びと研究が連続している場合が多くあります。多くの科学者は、子供のときには遊びの天才だったに違いありません。

ゴットフリート・ライプニッツ

それどころではありません。科学者には大人になっても遊びに熱中していた人が多くいます。**ゴットフリート・ライプニッツ**は、数学の問題を考えながら1人トランプを何時間も楽しんでいたそうですし、アインシュタインの書棚には、数学ゲームの本が沢山あったそうです*。ケンブリッジ大学のクイーンズ・カレッジには、**ニュートン**が作った「クギを使っていない橋」が残されています。これも、遊びの産物かもしれません。

考えてみると、遊びは、発想との関連でいくつかの興味深い特徴を備えています。第一に、面白いから、**熱中**できます。遊びは親から指示されて行なうものではなく、子供が自発的に進んで行なうものです。そして、熱中します。熱中は発想の必要条件です。遊びは、まさにこの条件を備えています。

第二に、遊びでは、失敗しても致命的な事態にはなりません。ですから、**大胆な発想**が展開できます。これは、現実生活における発想の「シミュレーション」なのです。

こうしたことを考えると、子供のときに遊びに熱中できなかった人は、成人しても発想が不得手になるといえるかもしれません。

ポイント　**遊びは発想の準備段階。子供のときの遊びの経験は、大人になってから発想をするための必要条件。**

＊　I・アシモフ（星新一編訳）『アシモフの雑学コレクション』、新潮文庫、1986年。

●失われた遊びの環境

しかし残念なことに、子供たちの遊びの環境は、日本では急速に失われました。少子化によって兄弟がいない子供たちも増えたため、遊び相手も少なくなりました。

しかも、ハイテク機械は、壊れても遊び道具には転用できません。真空管のラジオなら壊れたものを使って組み立てができますが、IC回路ではお手上げです。こうして、子供たちの周りに昔あった遊びの材料の多くが、現代的生活の中では失われてしまいました。

それに加えて、稽古ごとや受験勉強での塾通いがあるため、遊ぶ時間もなくなりました。夜遅い時間に、塾の道具を持った小学生が電車に乗っているのを見ると、何たることかと思います。彼らは、貴重な発想訓練の時間を奪われているのです。成人した彼らのことを思うと、暗澹《あんたん》たる気持ちになります。

こうした環境では、自由時間ができても、子供たちはテレビしか見ないでしょう。しかし、**テレビでは、発想の訓練はできません**。テレビは、学習番組でさえ、**受身**のプロセスなのです。空き地を遊び場に転換するような積極的な発想は必要とされないし、発揮しようもないのです。

遊びの場が失われたことに対する以上の感想は、単なるセンチメンタリズムでしょうか？　私には、発想訓練の場が失われたという意味で、誠に深刻な危機と思えるのです。

ポイント　**現代の日本では、遊びの場も道具も相手も失われている。また、低学年での受験が子供の遊び時間を奪っている。これは、日本にとって深刻な危機。**

第2章のまとめ

1. **発想の方法**は、数学の授業などで**すでに訓練**されています。

2. 過去に用いて成功したモデルを新しい問題に応用する「**創造的剽窃行為**」が、数学や物理学の基本的な方法です。発想にあたっても、この方法が最も強力です。

3. 現実を抽象化した「**モデル**」は、多くの学問分野で基本的な働きをします。結論へのジャンプを可能にするという意味で、発想においても重要です。IT関連のビジネスでは、「**ビジネスモデル**」が重要な役割を果たします。

4. **逆向き**に考えたり、**図**を用いたりすることも、発想に役立ちます。

5. 子供は、**遊び**を通じて発想の訓練をしています。この意味で、遊びは発想の準備段階です。しかし、現代の日本では、遊びの環境が失われています。

発想力トレーニング(2)　SFやミステリーの筋を変える

小説でも映画でも、漫画でもよいのですが、筋の展開に満足できなければ、もっと面白い展開にできないかと考えてみましょう。あるいは、新しい登場人物を登場させたり、時代や場所を変えてみましょう。この目的に適しているのは、文芸書でなく、SFやミステリーです。これらは、アイディアが勝負だからです。私は、面白いアイディアがあるSFを見つけたら、それを借用して、自分でストーリーを組み立てています。例えば、つぎのようなアイディアです。

バーナード・ショウ

「宇宙のかなたの高度文明から、メッセージが地球に届いた」「ある日、全世界から紙が消滅してしまった」「核戦争で文明が破壊された」「木星の衛星に地下古代遺跡が発見された」「反重力物質が発明された」等々。

SFに興味が湧かない人は、歴史的事実を変えてストーリーを作るという方法もあります。例えば、日本

ジョン・フィッツジェラルド・ケネディ

海海戦でバルチック艦隊が勝っていたら？　ミッドウェイ海戦で日本海軍が勝っていたら？　等々。

「本の最初の半分を読んだら後の半分の筋書きを考える」というのが、バーナード・ショウの創造力トレーニングだそうです。ジョン・フィッツジェラルド・ケネディは、本の中で問題が提示されると、いったん本を閉じて自分で考える訓練をしたといいます。

この応用として、電車の吊り広告や、新聞や雑誌の掲載広告を対象にして、デザインやキャッチフレーズを変えてみたらどうでしょう？

第3章

発想のために考え続ける

第1章で見たように、科学上の大発見は、「**考え続けること**」によって生まれました。では、現実の生活で、どのようにして「考え続けること」を実現できるでしょうか？　第3章ではこの問題を考えます。

1 現役であれ。考え続けよ

●考え続ければ発見できるか？

発想の必要条件は、「**考え続けること**」です。考えていないときに発見や発想が天から降ってくることはありえません。これは、明らかです。

では、これは、**十分条件**でもあるのでしょうか？　つまり、考えていれば、必ず発想できるのでしょうか？　探していさえすれば、必ず答えを探し当てられるのでしょうか？

どんな場合でもそうだとは、断言できません。努力しても報われないということは、残念ながらありうるのです。

しかし、多くの場合において、**考え続ければ**、何らかの答えは出てきます。頭がそのことで一杯になっていれば、何らかのアイディアが出てくる場合が多くあります。全く何の成果もないということは、むしろ稀です。

ポイント　考えていれば必ずアイディアが生まれるとは断言できないが、頭の中を材料で一杯にしておけば、何らかのアイディアが出てくる場合が多い。

●仕事に現役である必要

考え続けるためには、その前提として、仕事に関して**現役**である必要があります。

論文や本を書いているときに、これを実感します。**毎日作業**をしていれば、**作業記憶**が**ワーキング・メモリー**（脳の中で短期的な記憶を保存しておく場所）に保存されているので、歩いているときなどに、ふとアイディアが浮かびます。全体の構造が頭の中に入っているので、他の章との関連付けや組み替えなどを、頭の中で行なうことができます。

しかし、他の仕事で忙しくなって数日空けてしまうと、もう駄目です。**「現役」とはいえなくなる**のです。潜在的意識で発想が進むためには、関連情報が頭に残っている必要があります。メモリーが消えては、発想はできなくなります。

頭の中に**作業記憶を持続できる期間**は、人によって差があるでしょう。私の場合は、せいぜい2、3日です。これ以上の期間仕事を離れてしまうと、ワーキング・メモリーから消えてしまいます。ある仕事を終えて別の仕事に移った後では、前の仕事についての発想を得ることはあまりありません。関連情報が「控えの間」(第1章の4参照) からも消えてしまい、かなり深い潜在意識に落ち込んでしまうのでしょう。

もちろん、仕事は、ときどき休む必要があります。また、いったん仕事から離れてそれまでの成果を「寝かす」ことで、新しいアイディアが浮かぶこともあります。しかし、仕事から全く離れてしまっては駄目だと思うのです。**ペンローズ**は、「私の場合には、当面の問題について (多分漠然と) 考えていることが必要であるようにみえる」といっています。つまり、仕事から離れては駄目だというのです。

ポアンカレが関数のアイディアを思いついた (第1章の3参照) のは、それについての研究を休むことなく2週間続けた後のことでした。旅行中の雑事にまぎれて「数学の仕事のことは忘れていた」と書いていますが、忘れていたのは、多分1日か2日でしょう。

そうであれば、発想のために必要なのは、「**仕事を続けている**」ことです。ある仕事に取り掛かり、それに浸かっていることが必要です。そして、多くの場合に、仕事をしていれば発想できるのです。

以上で述べたことは重要なので、繰り返しましょう。「**考え続けることが必要**」「**考え続けなければ、意識下で思考が進み、いつかアイディアが出る**」「**考え続けるためには、仕事から離れない必要がある**」。

なお、仕事に現役であるためには、仕事に着手していなければなりません。これは当然のことなのですが、現実には難しいことです。これについては、本章の2で述べます。

ポイント　**仕事に関連する情報をどの程度の期間メモリーにとどめ置けるかは、人により差がある。私の場合は、数日間仕事から離れると、消えてしまう。発想のためには、仕事に関して「現役」である必要がある。**

2 仕事に着手できれば発想できる

●PCならいくらでも編集できる

PCの編集機能をうまく活用すると、「**発想機械**」として用いることができます*。

こう書くと、アイディア・プロセッサというような特別のソフトが開発されたのかと思われるかもしれません。あるいは、特別性能のよい機械が作られたのかと思われるかもしれません。しかし、そうではありません。現状のままでも、うまく使えば、PCを強力なアイディア製造機として活用できるのです。これについて以下に述べましょう。

PCの最大の特徴は、編集が著しく容易なことです。もちろん、紙に書いていた時代にも、直すことはできました。しかし、ある程度以上直すと、読めなくなってしまいます。ですから、清書する必要が生じます。これは面倒な作業でした。そこで、まずおおよその文章構成を頭の中に作った後で、原稿用紙の最初のマスから書き始めたのです。

これに対して、PCでは、削除、挿入、入れ替えなどの編集作業が、きわめて簡単に、そしていくらでもできます。清書という余計な労力なしに、つねに最新版の文章が読みやすい形で得られます。

そこで、紙の場合とは異なる書き方になります。主張したい**結論**をまず書き、**つぎに理由**を述べるというように、**思いついた**ことをどんどん書いてゆくことができます。紙の場合のように一方向的に順を追って書くのではなく、「行きつ戻りつ」という書き方になります。最初のうちは文章にさえなっておらず、単語の羅列やメモである場合も多くあります。何度も読み直しながら、次第に文章化してゆきます。

このため、**きわめて大量の書き直しを行なう**ことになります。書籍の場合であれば、数百回に及ぶ書き直しを行なうのは、普通のことです。紙の場合の推敲がせいぜい数回であったことと比較すれば、全く異質の書き方になったわけです。

こうして、紙の発明以来数千年にわたって連綿と続いてきた文章執筆スタイルが一変しました。「メモの集積から始まるきわめて大量の書き直し」という書き方は、つぎに述べるような重要な結果を生むこととなりました。

ポイント　**PCを用いて文章を作成すると、自由に編集することができる。このため、メモを集積して文章を書くスタイルになった。**

＊　PCで文章を書く場合、多くの人は、Wordなどを用いています。この他に、「**エディタ**」と総称されるソフトでも文章を書けます。エディタは、テキスト文書の入力と編集に特化しているため、使いやすくなっています。図形やグラフを混載させる必要のない人にとっては、理想的な文章作成ツールです。

●PCなら仕事が始められる

「いくらでも書き直しができる」ことは、**「仕事を気楽に始められる」**ことを意味します。このことの重要性は、いくら強調しても、しすぎることがありません。

紙に書いていた時代に最も大変だったのは、**「始めること」**だったのです。全体の構成がある程度できていないと、書き始められないからです。

「まだアイディアが熟成していない」「いまは調子が完全でないので、もっと調子のよいときにやろう」「いまは雑事で忙しいから、本格的に取り掛かれない。時間があるときに始めよう」等々の言い訳を考えて、着手しません。

つまり、**「構えてしまう」**のです。重要な仕事ほど、そうなります。

しかし、PCなら、**簡単に始める**ことができます。メモを取っているだけだからです。どこからでも書き始められるし、後でいくらでも直せるので、気張らずに書くことができます。「取り掛かり」を作っておけば、それを修正し改良することで徐々に仕上げられます。こうして、仕事を始めるイナーシャ（慣性）が著しく減少しました。

私は、通常は書斎の机の上にあるデスクトップのPCで作業をしているのですが、最初のメモは、**スマートフォンに音声入力**で行なっています。

スマートフォンを食卓に置いておき、食後に簡単なメモを打ち込む。あるいは、歩いているときや、待ち時間に入力します。

不思議なことに、**環境が変わる**と、仕事に取り掛かるイナーシャがさらに減少するのです。PCなら仕事の開始が楽になるにもかかわらず、書斎のデスクトップで仕事を始めるには、ある種のイナーシャが残っているのです。「第一歩」を踏み出すのは、それほど難しいのです。

「仕事を始めること」の重要性は、多くの人が指摘します。例えば、カール・ヒルティは、つぎのように述べています。*


まず何よりも肝心なのは、思いきってやり始めることである。仕事の机にすわって、心を仕事に向けるという決心が、結局一番むずかしいことなのだ。一度ペンをとって最初の一線を引くか、あるいは鍬を握って一打ちするかすれば、それでもう事態はずっと容易になっているのである。ところが、ある人たちは、始めるのにいつも何かが足りなくて、ただ準備ばかりして、なかなか仕事にかかれない。（中略）また他の人たちは、特別な感興のわくのを待つが、しかし、感興は、仕事に伴って、またその最中に、最もわきやすいものなのだ。

もしヒルティの時代にPCを利用できたとしたら、彼は間違いなくこれを購入し、「**PCがイナーシャを突破する**」という事実を見出したでしょう。そして、熱狂的なPCの支持者になったでしょう。

ポイント **PCを使うと、全体構想がなくても書き始められる。このため、仕事を開始するイナーシャが著しく減少した。**

＊ ヒルティ（草間平作訳）『幸福論（第一部）』、岩波文庫、1935年。

●仕事を始められれば発想する

「**仕事を始めること**」は、絶大な効果をもたらします。なぜなら、その仕事について考えるようになるからです。

いったん書き始めれば、通勤途上でも食事中でも、そのことについて考えがめぐります

（多くの場合は無意識的に）。**自分との対話**もできます。

これは、大変重要な意味を持ちます。なぜなら、新しい発想は、「**考え続ける**ことによって生まれる」からです。

この精神作用は、第1章の5「発見のモデル」が指摘するように、潜在意識レベルでも行なわれます。**寝ている間や歩いているときに、「いつの間にか」**行なわれたのです。構えてしまって**仕事に取り掛かれないでいると、この段階には入れません**。

ヒルティが「**仕事を始める重要性**」を強調しているのも、全く同じ理由によります。彼はいいます。

> 一度、この、仕事に没頭するという本当の勤勉を知れば、ひとの精神は、働き続けてやまないものなのである。そしてしばしば、このような（あまり長すぎない）休息ののちに、知らぬ間に仕事がはかどっているのを見るのは、まったく不思議である。すべてのものが、まるでひとりでのように明瞭になってきて、多くの難点は突然解決されたように見えてくる。

●自分自身と討論する

書いている途中で、論点やデータの**組み替え**、論理の筋道の組み直し、視点の変更、全体の構成の変更などを、何度も行ないます。この過程を進めてゆくと、当初とは**全然別の論理展開や結論**になってしまうこともあります。注記として書いたことが、実は重要な意味を持っていることが分かり、それが主要な論点になって、注と本文が逆転してしまうこともあります。

ヒルティも、「仕事は、それをやっているうちに、**前もって考えていたのとは違ったものになってくる**のが普通である」と述べています。

書籍を執筆する過程でも、かなり書き進んだ後で、章レベルの非常に大幅な組み替えを行なうことがあります。1つの章を分解し、別の章の内容と結合して新しい章を作るという作業です。

こうした**組み直し**は、意外に大変な作業です。それまで作り上げた体系が崩壊してしまうからです。ある程度できあがってから後だと、細かい書き直しも必要になります。

これは、**自分自身と対話**を行ない、それを通じて発想していることを意味します。自分自身との討論は、頭の中だけのプロセスではやりにくい場合もあります。とくに、ある程度考えが蓄積されてくると、考えていることの全貌をまとまった体系として把握しにくくなります。書いておくと、自分自身が書いたことを、あたかも他人の文章のように批判的に眺めることができるのです。

ポイント **書いた文書は、あたかも他人が書いた文書のように批判的に読むことができる。これによって、自分自身との対話ができる。**

●とりあえず削除する

文章が読みにくくなる大きな原因の1つは、**余計な記述が残ってしまう**ことにあります。読みやすい文章を書く最大の秘訣は、削れるだけ削ることなのです。つまり、「どれだけ書くか」ではなく、「**どれだけ削るか**」が、文章執筆の要諦なのです。

しかし、**削るのは、難しい**ことです。「折角書いたのだから」と思って捨てられなくなるのは、人間の自然な習性です。

この困難な作業を容易にするには、「**とりあえず削除する**」ことです。つまり、「削除」といっても、全く消去するのでなく、**別の場所に保存**しておくのです。

私は、つぎのようにしています。まず、削除した文章を文書の最後に移します（この操作を手際よく行なうには、エディタの**ジャンプ機能**が不可欠です）。ある程度まとまったら、別のファイルに移動させます。なお、章などの大きな範囲にわたって叙述の順序の組み替えを行なう場合には、組み替え前の章を保存しておきます。

こうしておけば、後で必要になったときには、簡単に復活させることができます。**「取り戻せる」という保証があれば、安心して捨てる**ことができるのです。

ポイント **削除した文章を保存しておけば、必要になったときに簡単に復活できるから、安心して削除することができる。**

3 歩けばアイディアが出る

●アイディアが生まれる場所は、書斎や研究室ではない

「考えが進む**環境**」「発想が生じやすい環境」とは、どのようなものでしょうか？

第1章で述べた大発見の啓示の例には、共通性が見られます。それは、「日常的環境か

らの**わずかなずれ**」です。あるいは、集中や緊張からの「**わずかな環境の変化**」です。

本を読んだり原稿を書いたり、あるいは実験をしたりするのは、書斎や研究室です。しかし、アイディアが生まれる場所は、必ずしもそこではありません。そこを少し離れた場所で得られることが多いのです。

昔から、アイディアが生まれやすい場所として、「三上」ということがいわれてきました。これは、**枕上《ちんじょう》、馬上**（または鞍上《あんじょう》）、**厠上《しじょう》**です（北宋の文人政治家**欧陽脩《おうようしゅう》**の言葉）。私の場合も、これとほぼ同じであり、散歩、風呂、そしてベッドです。

欧陽脩

部屋にこもって同じ姿勢で考え続けるときでなく、**息抜きの姿勢に転換**したとたんに、インスピレーションが湧くことが多くあります。集中して仕事をした後、机を離れた瞬間に、アイディアが生まれます。姿勢を変えたために考えが別の側面を向き、別の方向から考えることができるのでしょう。

ここから得られる「発想の法則」は、つぎのようなものです。「**頭に材料が詰まっていれば、環境が少し変化した**

ところでアイディアが得られる」。

もちろん、重要なのは、環境の変化そのものではなく、それに**先だって集中**することです。「無意識の発想」を促進するために、「**寝る前に材料を仕込む**」という方法も考えられます。寝ている間に熟成して、朝起きたときにアイディアが浮かぶのを期待するわけです。風呂に入る前や散歩の前も、同じです。そのためには、余計な情報に邪魔をされないよう、テレビなどを見ないことが必要です。

ポイント　集中した作業の後に環境が少し変化すると、「啓示」が得られることが多い。

●頭を一杯にしてから歩く

「環境のわずかの変化」を実現する手段として、「**歩く**」ことは、特別有効です。仕事がゆきづまったときに公園を散歩すると、うまい考えが出てきます。散歩は、「疲れ休め」という消極的なものではなく、**積極的な活動**です。

歩いていると、想念がふと浮かんできたり、また消えたりします。ふと浮かぶのは、目前のものとは無関係なことが多くあります。「控えの間」(第1章の4) にいた観念が、浮上するのでしょう。

頭に材料を一杯に詰め込んでから散歩すると、「材料が頭の中で攪拌《かくはん》されて」、発想ができるような気がします。新鮮な空気が脳を活性化するのかもしれません。足の刺激が発想を促進するという説もあります。少なくとも、体を動かすことは、発想にプラスの影響を与えるようです。「**歩く**」ことは、アイディアを得るための、最も手軽で最も確実な技術です。

古代ギリシャの哲学者**プラトン**が遊歩しながら弟子に教えた故事から、その弟子アリストテレスの学派は、「**逍遥学派**《しょうようがくは》」と呼ばれました。ニュートンやアインシュタインも、散歩が好きだったそうです。

プラトン

ハイデルベルグや京都などの大学町には、「**哲学者の小径**」があります。**大学のキャンパス**も、歩くのに適切な環境になっています。こうした環境は、都心のビル街では得がたいでしょう。企業は、森の中の湖のほとりに事務所や研究所を作ったらどうでしょう？

アメリカでは、金融機関のオフィスなどで、実際にそうした例が生まれています。

ただし、再度強調しますが、重要なのは**散歩の前に頭を材料で一杯**にしておくことです。それがなくては、息抜きに終わります。私の経験は、それを強く裏付けます。本の執筆中には、散歩すれば必ずアイディアが出てきます。しかし、集中した仕事をしていないときには、単なる散歩に終わります。頭が空では、いくらゆさぶっても、何も出てこないのです。

ポイント 「頭を材料で一杯にしてから歩く」ことは、発想のための最も確実な技術。アイディアが生まれるのは研究室ではない。

4 集中できる環境・できない環境

●天才は集中した

多くの偉大な業績が、**集中**を可能とする環境で生まれています。科学的発見に共通する環境を見出すとすれば、答えは、「集中できる環境」ということになるでしょう。

天才の周りにいた人は、しばしば天才の極度の集中振りに当惑しました。『プリンキピア』執筆中の**ニュートン**は、仕事に没頭して、準備された夕食を食べ忘れることが何度もありました。訪ねてきた友人を忘れて仕事に集中したというエピソードもあります。**アインシュタイン**が相対性理論を考えついたときは、2週間書斎にこもりきりで、誰にも会わなかったそうです。「フェルマーの最終定理」の証明に成功した**アンドリュー・ワイルズ**も、自宅の屋根裏にこもり、学会にも出かけませんでした。

アンドリュー・ワイルズ

カール・フリードリヒ・ガウス

数学者**カール・フリードリヒ・ガウス**がある問題に集中していたとき、医者が「奥さんが2階の寝室で危篤状態だ」と告げました。ガウスは、式から目を離さず、「もう少し待つようにいってくれ。あと少しでこの問題が解けるから」といったそうです*。

偉大な業績を残した人の中で非常に多忙だったのは、数学者**ジョン・フォン・ノイマン**です。ただし、

ジョン・フォン・ノイマン

彼は、どんな環境でも驚くべき集中力を発揮できました。彼の妻は、「あなたが仕事に集中すると、象が出てきても気づかないでしょうね」といったそうです。その答えとして、彼は、『ゲーム理論と経済行動』という著書に、象の隠し絵を入れました。

ポイント　**天才たちは、驚くべき集中力を発揮して仕事に没頭した。**

＊　I・アシモフ（星新一編訳）『アシモフの雑学コレクション』、新潮文庫、１９８６年。

●集中のために手帳を白くせよ

「勉強や研究に集中が必要」とは、誰もが認識していることです。人間の**ワーキング・メモリー**は驚くほど容量が少ないので、それらを当面の仕事に集中させなければ、能率が上がらないのです。

職場でのもめごとや家族の病気などがあると、仕事が進まなくなります。これは、ワーキング・メモリーがそちらに占領されてしまうからでしょう。

ですから、発想のためには、「集中を妨げる要因」をできる限り排除する必要があります。一昔前までは、**電話**がその最たるものでした。集中を要する仕事に従事するなら、何としても、外からかかってくる電話を防ぐ必要がありました。

メールは、これを解決するかに見えました。仕事が一段落したときに片付ければよいからです。しかし、電話と違って「話し中」にできないのが問題です。しかも、メールを出すのは簡単なため、**メール洪水**が襲ってくる危険があります。人々は、これに対して驚くほど無防備です。「1日数百通のメールが来る」と自慢している人もいますが、こうした人は、**発想とは無関係**な環境にいるといわざるをえません。

人間の能力はそれほど高くないので、複数の仕事を同時並行的に進めるのは難しいのです。本を執筆しながら、会議に追い回される日程をこなすなどということは、普通は不可能です。こま切れの仕事に時間を取られ、多くの人と会う生活に明け暮れていては、「発想」はできません。手帳を予定で埋め尽くしている人は、発想とは無縁でしょう。

私は、本を執筆中は、他の仕事をしたくなくなります。時間が取れないということもありますが、思考回路が別の仕事に切り替わらないというのがその理由です。ですから、会合などは、だいぶ前から完全に排除しています。他の人は、「何と忙しい人だろう」と思うでしょうが、実は、**手帳は真っ白**なのです。

私の手帳が白いのは、重要な仕事をしているときです。手帳に予定がびっしりというのは、重要な仕事を抱えていない時期です。雑誌などに、「有名人の手帳拝見」といった企画があります。予定がびっしりの人を見ると、「この人は、集中を要する仕事をしていないのだなあ」と分かります。

ポイント **人間の能力は限られているから、事務的な仕事に追われていると、発想はできない。発想のためには、集中できる時間を確保する必要がある。**

●組織のトップは旅に出よ

忙しさが発想の敵だといっても、組織の責任者は、事務的な仕事を処理し、来客に会わなければなりません。しかし、こうした人々が発想から離れてよいはずはありません。では、どうしたらよいでしょう?

私のサジェスチョンは、「できる限りの努力をして、**孤独になれる時間**を確保せよ」ということです。

まず、自宅にいる時間帯には、**1人で考えられる環境**を確保します。そのためには、自宅に仕事の電話がかかってこないようにすべきです。そして、専用車で出勤できるのであれば、車の中で1人で考える時間を確保します。そのためには、車に電話がかかってこないようにすべきです。オフィスでは、何とか時間を見つけて、外を散歩します。

ただし、これらは、いずれも**こま切れ時間**です。本当は、もっと**集中して考える**時間を作る必要があります。それには、旅行に出るのがよいでしょう。1人きりになれる環境を強制的に作るのです。

本当は1週間くらいの海外旅行が望ましいところです。それが無理でも、1年に一度は、数日間の国内旅行をすべきでしょう。それも無理なら、都心のホテルに何日かカンヅメになったらどうでしょう。

それさえも時間がないという人は、かなり危険な状態にいると考えるべきです。忙しい忙しいといっているうちに、全体がとんでもない方向に動いている危険があります。

いうまでもないことですが、ここでいう旅行は、「**一人旅**」である必要があります。どうしても数人で旅行する必要があるなら、席を別々に取るべきです。社長なら、秘書や部下と離れた席に座るべきです。列車の席ではブレインストーミングはしにくいものです。社長が旅行するときの席をどう取るかで、その会社の知的レベルが分かります。

ポイント **組織のトップは、集中できる時間を確保するのが難しい。だから、旅行など、孤独になる機会を持つ努力が必要。**

BOX

列車の中で世界を変えたフォン・ノイマン

20世紀最大の数学者フォン・ノイマンは、忙しさの点でも超ど級でした。第二次世界大戦後、プリンストン高等研究所の教授のかたわら、軍関係の顧問を6つ、民間企業の顧問を同数以上抱えていました。*

その時期の彼の仕事の大部分は、**列車**の中で行なわれました。列車の中は研究室ではないから片手間だ、という印象を持つ人が多いかもしれません。しかし、列車の中は、誰にも邪魔されずに集中できる理想的な発想の場なのです。

コンピュータに関しての思索をめぐらせたのも、大陸横断列車の中でした。ここから、**「フォン・ノイマン型」**といわれる現代的コンピュータの基礎概念が生まれました。もしその当時からアメリカ国内の旅行に飛行機が使われ、この天才から集中の時間を奪ったとしたら、コンピュータはいまなお幼稚な段階にとどまり、したがって、人類は現在とはだいぶ違う世界に生活していたでしょう。

＊　N・マクレイ（渡辺正、芦田みどり訳）『フォン・ノイマンの生涯』、朝日選書610、1998年。

●テレビとスマートフォン漬け生活からの脱却

発想を阻害するもう1つの深刻なものは、**テレビとスマートフォン**です。テレビ漬け、スマートフォン漬けの生活から優れたアイディアが誕生するとは、到底思えません（なお、ここで「スマートフォン」といっているのは、受動的にウエブを見たり、ゲームをしたりすることです）。

これは、テレビの番組の内容が低俗だからというだけの理由によるのではありません。低俗な番組が多いことは事実ですが、そうでない番組もあります。問題は、テレビを見ていると、精神が**受動的状態**になり、**能動的活動ができない**状態に陥ってしまうことなのです。テレビ漬けの生活が続くと、脳が受動的状態に溺れてしまい、つねにリラックスすることを求めるようになります。「セサミストリート」のような**教育番組でさえ**、子供の脳に悪影響を与えると指摘されています*。

ゲームはどうでしょう？　第2章の6で「遊びが発想力を養う」と述べましたが、ゲームは発想力の訓練になるのでしょうか？

私は否定的です。反射神経は養成されるかもしれませんが、考える力の訓練にはならないでしょう。最大の問題は、自由度がないことです。ガラクタをおもちゃにするためには、**創造力**が必要です。しかし、ゲームでは、一見したところはさまざまな可能性があるように見えても、設計者が設定した枠を越えることはできません。ですから、創造力を発揮することにはならないのです。

以上で述べたことは、常識的にはほとんど明らかなことです。しかし、それを科学的に断言できるだけの十分な証拠はありません。思考力に対する影響を実証するには非常に長期にわたる観察が必要であり、しかも実験が難しいという事情もあるからでしょう。

ただし、テレビやゲームが発想力を養うことにはならないとは、最低限いえるでしょう。ですから、とくに子供の環境からは、これらを排除することが必要です。少なくとも、見る時間に制限を加えるべきです。そのかわりに、子供が夢中になれるものを準備すべきです。それは、物語であってもよいし、昆虫採集であってもよい。工作でもよい。子供が熱中できる**遊び**は、発想力の涵養《かんよう》に本質的な意味を持っているのです。

しかし、今日の日本でこれを実行するのは、ほぼ不可能といわざるをえません。なぜなら、子供をテレビやゲームから隔離してしまうと、友だちとの会話についてゆけなくなるからです。テレビ漬け、ゲーム漬けの生活は、由々《ゆゆ》しき問題です。

ポイント　**テレビは、脳を受動的にするという意味で、発想の障害になる。少なくとも、見る時間に制限を加える必要がある。**

＊　J・ハーリー（西村辨作、新美明夫編訳）『滅びゆく思考力』、大修館書店、1992年。

第3章のまとめ

1. 発想のためには、仕事に**現役であり続け、考え続ける**ことが必要です。このためには、とにかく**仕事を始める**ことが必要です。

2. **仕事の合間に歩く**と、アイディアの啓示を受けることが多くあります。昔から大学の周辺には、歩くのに適した場所がありました。

3. 発想のためには、**集中できる環境**を作る必要があります。テレビやゲームは、人々を受動的にし、積極的な思考力を奪ってしまうので、発想の敵です。

発想力トレーニング（3）　「雲を摑む話」のオーダーを見積もる

「シカゴにはピアノ調律師が何人いるか？」

これは、物理学者エンリコ・フェルミが、学生に向かってよく発した問いだそうです。彼が求めたのは、正確な答えではありません。数百人なのか数千人なのかという、オーダーの見積もりです。そして、「雲を摑むような話」でも、一歩一歩ステップを踏んでゆけばアプローチできるということの発見です。「シカゴの総世帯数からピアノ保有世帯数を推計し、年間の要調律回数を見積もる。他方で、1人の調律師が年間で何台調律できるかを見積もる……」というように（フェルミは、最初の原爆実験に立ち会い、その爆発のエネルギーをかなり正確に言い当てたことで有名です）。

エンリコ・フェルミ

これを応用して、「東京には空き巣が何人いるか？　空き巣による総被害額はどのくらいか？　防犯器具の年間売上げは？」などと考えるのも、面白いでしょょう。大阪ではどうでしょう？　そして、あなたの町では？

　ちなみに、日本の多くの県の人口は、日本の総人口の100分の1（つまり約130万人）くらいであり、県庁所在都市人口は、その3分の1くらいです。これを考慮すれば、ごみの発生量、消防自動車の台数、等々を見積もることができるでしょう。あるいは、自動車や住宅などのセールス戦略を考えることもできます。

　通勤電車の中など、他にやることがない場所での頭の訓練としては、非常に面白く、かつ、ためになります。

第4章 発想のための対話と討論

既存のものを組み合わせて新しい組み合わせを作るには、**別の考えに接触**する必要があります。そのためには、**人と接触**するのが最も効果的です。知的な人々を周りに持ち、さまざまな問題を話し合うことができるのは、発想のためには理想的な環境です。本章では、こうした環境の作り方について、具体的に述べます。

1 ブレインストーミング

●誰を集めるかが重要

ブレインストーミングが発想のために重要な役割を果たすことは、よく知られています。これは、数人が集まって議論を行ない、それを通じて新しいものを生み出そうという方法です。「**三人寄れば文殊の知恵**」を実現しようというわけです。

「どのようにしてブレインストーミングを進行させるか」という類の方法論がいくつも提案されています*。しかし、重要なのは、**方法論ではなく、参加する人間の質**でしょう。

ブレインストーミングの成果は、**集まった人の質**によって決定されます。質が低ければ、いかに複雑な方法論を駆使したところで、何も出てきません。逆に、有能な人間を集めることができれば、方法論を意識しなくとも、自然に多くの結果を期待することができます。ですから、最重要課題は、人集めです。

これは自明のことです。しかし、優秀な人を集めるのは、現実には非常に難しいことです。ブレインストーミングは、**最低2人**でできます。参加者があまりに多いと、うまく機能しなくなります。20人を超えては、1人ひとりの発言時間に制約が加わり、有効なディスカッションは期待できないでしょう。4、5人が最適な規模ではないでしょうか。

雑談会や井戸端会議になる危険を防ぐため、議論をリードする人が必要です。ただし、メンバー間の上下関係が強く、発言に遠慮が出るようだと、うまくゆきません。重要なのは、**自由で活発な討論**をしやすい雰囲気を作ることです。

積極的な発言は大歓迎ですが、誰か1人の演説に独占されてしまっても困ります。自分をアピールすることだけに熱心な人がいても、議論は成果をあげられません。

研究や調査活動の途中段階で、外部の人を集めて**セミナー**を行なうと有益です。ワークショップ、セミナー、シンポジウムなど、さまざまな形態が考えられます。これは、研究成果を報告するためというよりは、**コメントをもらう**ための集まりです。つまり、**利益を受けるのは、聴衆ではなく、話すほう**です。

個人の論文に対しても、このような集まりを召集してコメントを聞くことができます。大学や研究所では、このようなセミナーを、若手研究者のために定期的に開いています。

ポイント **ブレインストーミングは、異質な考えとの接触によって新しいアイディアを生み出そうという試み。進め方の方法論に思い煩うより、質の高い参加者の確保を心がけるべき。**

* 例えば、文書を使ってブレインストーミングをするとか、本当の議題を隠して行なう、などの方法が提案されています。

●黒板がない会議室の知的レベルは低い

「ブレインストーミングの方法は重要でない」といいましたが、**環境**整備は重要です。

とくに重要なのは、**黒板**です。議論の過程で出てくるアイディアなどを書いて整理してゆく。そして、参加者全員がつねに見えるようにしておく。図などを描けば、概念が明確になって有効でしょう。

このため、ブレインストーミングは、大学の教室のような場所で行なうのが一番よいのです。企業の会議室には、普通、黒板がありません。ある経済団体のセミナーハウスの会議室に行ったところ、ハイテク機器は山ほどあるのに、黒板がありませんでした。これは、ブレインストーミングに適した環境とは到底いえません。最近の大学の教室には、**ホワイトボード**はありますが、黒板は消滅しつつあります。ホワイトボードに**マーカー**で書くことには、どうしてもなじめません。単なる懐古趣味かもしれませんが、黒板からホワイトボードへの変更は、大学の知的レベルの低下を象徴しているように思えます。

パワーポイントの資料を用意し、プロジェクタで映写することがよく行なわれます。これは、一見して有用に見えるのですが、あらかじめ用意したものしか映せず、議論の過程で新しく生まれてくる発想を反映することができません。

受動的な受講者を相手に、一方的に説明する場合にはよいでしょうが、ブレインストーミングの際の知的な道具にはなりません。

ある時、新聞を見ていたら、「最新式の大学院教室」というものが紹介されていました。個々の受講生の机にモニターがあり、さまざまな機器の展示場のような様相を呈していました。しかし、肝心の黒板がありません。「黒板がない教室」でどんなレベルの講義を行ないうるかは、正確に推測することができます。

ポイント　ブレインストーミングには、黒板（あるいは白板）が不可欠。あらかじめ用意したパワーポイントの資料を映すだけでは、ブレインストーミングはできない。

●途中段階で読んでもらう

右に述べたようなセミナーが召集できなくとも、作業途中の研究レポートや草稿を読んでもらって意見を聞くことはできます。私も、完成前の草稿を友人たちに読んでもらうことがあります。

それによって、自分では意識しにくい観点からの見方が得られます。別の視点から見ると、抜けている点や飛躍している点が分かり、当然と思っていることがそうとも限らないことが分かります。自分では気づかない誤りや新しい見方を指摘してもらえるのは、大変有難いことです。こうして、「思いこみ」や「ひとりよがり」から脱却することができます。

効果はそれだけではありません。コメントを受けるのを意識すると、自分の中に「読者の目」ができてきます。「読まれ方」を意識できるようになるのです。こうして、自分自身と対話ができます。

しかし、この場合にも、最大の問題は、**相手を見つけられるか**どうかです。まず、専門分野がある程度共通していないと、うまく機能しません。

最大の問題は、**相手の時間を奪ってしまう**ことです。読んでコメントを考えるには、時間がかかります。しかも、締め切り直前で時間の余裕がない状態で「コメントが欲しい」と頼むことが多くあります。

ですから、もしこうした相手を見出すことができたら、大変幸せなことです。そうした人は大事にするようにしましょう。そして、この作業は双務的なので、相手からコメントを求められたら、快く引き受け、時間遅れなしに回答するようにしましょう。

欧米では、昔からタイプのカーボン・コピーで複製を取ることができたため、途中段階の草稿を回すことができました。タイプライターを使わなかった日本の研究者は、「読んでもらう」という点で、これまで大変なハンディを負っていました。手書き原稿では、読みにくいし、コピーも取れないからです（ゼロックスコピーが一般に使えるようになったのは、1960年代以降のことです）。途中段階でコメントをもらうという習慣が日本で根付かなかった1つの理由は、ここにあるのでしょう。

ITは、この問題を技術的には完全に解決しました。ディスカッション・ペーパーなどの正式なものになっていなくとも、ワープロ原稿なら読んでもらえるからです。しかし、日本ではいまだにコメントをもらう習慣は一般的でありません。研究スタイルで最も改革が必要なのは、この点です。

ポイント 作業中の草稿などを読んでもらうことは、非常に重要。気がつかない点を指摘してもらえるし、自分の中に「読者の目」ができる。ただし、相手を確保するのが難しい。

●批判は人格の否定ではない

ところで、以上の過程で重要なのは、**批判**されても気を悪くしないことです。例えば、書き掛けの論文を誰かに読んでもらったとき、痛烈な批判が返ってくるかもしれません。しかし、それは、あなたの書いている論文が価値がないと宣告されたわけではないのです。多分相手は、あなたの論文を改善しようと望み、その1つの手段として、批判をしたのです。ですから、厳しい意見ほど、有難く受け取るようにしましょう。

ところが、これは、実際には難しいことです。批判されたり、否定されたりするのは、誰にとっても愉快なことではないからです。とくに、日本人は、こうした知的創造のプロセスにあまり慣れていないので、人間関係に問題が起こることさえあります。

しかし、論文を送っても誉め言葉しか返ってこないのでは、送った意味はありません。とりわけ、作業中の論文なら必ずどこかに問題があるはずですから、批判はあって当然なのです。

ブレインストーミングのときも、批判は覚悟すべきです。しかし、メンバー間に上下関係があると、どうしても発言には制約が加わります。参加者間に上下関係がないほうがよいと述べたのは、自由な議論こそ重要だからです。

ポイント　ブレインストーミングでは批判されないと意味がないのだが、実際には難しい問題を引き起こすこともある。とくに日本の知的風土では、自由な討論をしにくい。

●インタビューを逆利用する

私は、以上で述べたこと以外に、発想の場として重視しているものがあります。それは、新聞や雑誌の**インタビュー**です。こうした機会が多いのは、私の特殊事情かもしれません。しかし、私がこうした機会に何をやっているかは、多くの人に参考になると思います。

一般に、新聞や雑誌の記者は、知的レベルの高い人たちです。しかも、インタビューに来る人は、私とある程度共通のバックグラウンドを持っています。したがって、こうした人々と話していると、私自身が刺激を受けることが多いのです。

多くの場合、相手の話が参考になるからではなく、**私自身**が話している途中で**思いついたこと**が、参考になるのです。この場合の話し相手は、「**触媒役**」あるいは「産婆役」を果たしてくれることになります。

こうした機会に思いついたアイディアをきっかけとして書いたエッセイは、数限りなくあります。刊行した本についてインタビューを受け、その会話の途中で「このことを書くべきだった!」と地団太を踏んだことが、何度もあります（それを発展させて別の本を書いたこともあります）。

もっとも、相手は誰でもよいというわけではありません。話して刺激される人と、そうでない人がいるのです。「そそられる人」からインタビューの依頼があれば、どんなに忙しくても、必ず引き受けます。**相手のためというより、自分自身のため**にです。

インタビューでは、メモ用紙を用意して、思いついたことを書き留めています。そして、インタビューの後できるだけ早く、それを第5章で述べる音声入力でテキストにするか、あるいは写真を撮っておきます。

実は、アイディアが生まれるのは、インタビュー中に限ったことではありません。**講義や講演**などで、こちらから一方的に話している最中にも、アイディアを思いつくことがあります。もちろん、そうしたアイディアも、メモしています。

私は、講義の途中によくメモすることで、学生の間で有名でした。講義や講演ではそのテーマに集中しているから、新しいことを思いつくのでしょう。大学での講義は、もちろん学生の教育のためですが、教える側が自分自身のために活用している面も強いのです。

こうしたプロセスは、考えてみれば不思議なものです。相手の意見を求めているのではなく、相談しているわけでもありません。こちらが一方的に話しているのであり、その意味では「一人相撲」です。しかし、発想には役立つのです。

組織のトップにいる人たちは、類似のプロセスを意識的に活用することができるでしょう。部下を呼んで、自分の考えを話せばよいのです。もちろん、相手は誰でもよいというわけにはいかないでしょう。しかし、ある程度のサイズの組織なら、「産婆役」に適した人が必ずいるはずです。

ポイント　**インタビューを受けて話しているときや、講義や講演の最中に、新しいアイディ**

アが思い浮かぶことも多くある。

●日本型会議は必要か？

ブレインストーミングと似て非なるものに、「**会議**」があります。

日本の組織では、企業でも官庁でも大学でも、会議が非常に頻繁に行なわれています。その目的や形式は、さまざまです。

最も正式なものは、企業の役員会や大学の評議会、教授会などです。こうした会議は、多くの場合、根回しが行なわれた後の形式的議決が目的です。**責任分散化**のために決定が集団的に行なわれる場合も多くあります。組織構成員の参加意識高揚を目的として会議が行なわれることもあります。こうした「日本型会議」は、協調が何よりも重要だった従来の日本型企業では重要なものだったでしょう。しかし、「発想の時代」にどれほど重要かは、大いに**疑問**です。

もちろん、アイディアや解決策を求めて会議が召集されることもあります。しかし、参加者の上下関係が強いため、自由に意見が言えない場合が多いように思われます。最大の問題は、「集まれば何とかなるだろう」という無責任な期待のもとで、十分な準備がなされないままに会議が開かれることです。これでは、単なる雑談会、放談会に終わってしまうでしょう。

ポイント　日本の組織では会議が頻繁に行なわれるが、これはブレインストーミングとは異質のもの。

2　インキュベイターとなる集まり

●コーヒーメーカーのある溜まり場

発想のためには、フォーマルな会議よりも、**カジュアルな雰囲気**の議論のほうが有効です。

私の経験を述べましょう。1970年代の初めにエール大学で大学院生として勉強していたときのことです。建物の一角に、**コーヒーメーカー**が置いてある小さな部屋がありました。そこには、若手の研究者や大学院生が自分のカップを持ってコーヒーを注ぎに来ます。講義を終えた教授が、一休みに立ち寄ることもあります。誰もいなければ、コーヒーを持って帰るだけですが、誰かがいると立ち話が始まります。誰が組織したわけでもなく、予定を決めて集まるのでもない、**自発的な会話**です。

博士論文を書いていた私にとって、この「溜まり場」での会話や情報交換は、非常に有用でした。最も重要だったのは、「どんな**テーマ**が研究対象として適当か」という情報です。「現在多くの人が興味を持っているトピックは何か」「どんなテーマを選んだら有望か」といった類の情報です。

大学院生や若手研究者にとっては、「どんなテーマに取り組んだらよいか」という情報が最も重要なのです。現在多くの人が関心を寄せているテーマは、専門誌にも掲載されやすいからです。しかし、難しすぎるテーマに挑戦すると、いつまでたっても答えが出せず、一生を棒に振ってしまうことにもなりかねません。

こうした情報は、教室での講義や研究会での議論では得にくいものです。ましてや、教科書や雑誌には載っていません。公式の研究会でも出てきません。気軽な場所での**非公式の会話だから**こそ、出てくるのです。

また、現在取り掛かっているテーマについて話し、簡単な意見を求めることもありました。つまり、本章の1で述べた研究セミナーの簡易版です。

こうした場所は、「発想インキュベイター」といえるでしょう。大学や研究所で最も重要なのは、このような場所なのです。

ポイント　アメリカの大学では、コーヒーメーカーが置いてある「溜まり場」が、重要な情報交換の場になっていた。

●カフェやファカルティ・クラブ

ヨーロッパには、大学のセミナーを近くの**カフェ**で行なう伝統がありました。都市にある大学だと、もともと「キャンパス」の範囲がはっきりせず、周囲の街並みと大学の建物が一体化している場合も多くあります。

ポーランドの大学街リヴォフには、「**カフェの数学**」という伝統がありました。教授と優秀な学生がカフェに集まって大理石のテーブルに方程式を書き、十数時間もぶっ続けで議論しました。フランスのカフェも、知識人たちの溜まり場であり、議論の場です。**ジャン＝ポール・サルトル**が実存主義を考えたのも、カフェだったといわれます。

米国の大学には、「**ファカルティ・クラブ**」（教授などのスタッフの会合所。ここで昼食を

ジャン=ポール・サルトル

チェン・ニン・ヤン

取ることが多い）が必ずあります。これも、食事に集まるスタッフが会話や議論をするための場です。

実は、アイディアは、研究会などの堅苦しい雰囲気でなく、食事などのカジュアルな雰囲気で生まれることが多いのです。そこでの自由な雑談の刺激の中から、アイディアが生まれてきます。実験をしたり報告をまとめたりするのは研究室の中ですが、研究の最も重要な部分は、研究室の外で行なわれることが多いのです。

チェン・ニン・ヤン（1957年のノーベル物理学賞受賞者）は、「パリティ非保存」のアイディアが生まれたのは、共同受賞者のリーと中華料理店で食事をしたときだったと述べています*。

もちろん、ただ集まって話しただけでアイディアが生まれるわけではありません。カジュアルな場所での会話は、単なる雑談に終わってしまう可能性も高いのです。参加者が**強**

い問題意識を持っていることが重要です。

ところで、カジュアルな接触や簡単な意見交換を行なうための溜まり場が研究者には不可欠であるにもかかわらず、日本の大学や研究所には、なかなか見当たりません。ファカルティ・クラブなどの施設は、貧弱です。

これは、予算やスペースがないという事情にもよるのですが、それ以前の問題として、**文化的な要因**があります。もし日本の伝統的な大学でファカルティ・クラブを作れば、**シニアな教授**たちが占拠してしまい、若手研究者が気軽に議論できるような雰囲気にはならないでしょう。ですから、施設を作っても機能しない可能性が高いと思われます。また、自由に議論するという風習もありません。本章の1で述べたように、批判を人格否定と受け取る人が多いと、自由な議論はしにくいのです。

大学院生も、研究室は要求するにもかかわらず、集会室は要求しません。これは、日本の研究スタイルが、「**研究室閉じこもりスタイル**」であることを如実に示しています。

また、こうした環境は、地方の都市でこそ作りやすいといえるでしょう。東京などの大都市では、大学でさえも、「**通勤する職場**」になってしまって、なかなかこのような雰囲気を作れないのです。

ポイント　**アイディアは、食事などのカジュアルな雰囲気や、自由な雑談の刺激の中から生まれることが多い。しかし、日本の大学や研究所には、こうした場がなかなか見当たらない。**

――＊　三浦賢一『ノーベル賞の発想』、朝日選書279、1985年。

●ビジネスマンのインキュベイター

以上で述べたのは、大学や研究所の環境です。実は、**ビジネスマン**にとっても、同様の環境が重要なのです。

アダム・スミスの**『国富論』**には、当時のロンドンの商人たちが**コーヒーショップ**に集まって談義をしていたという話が出ています（当時のイギリス人は、紅茶ではなく、コーヒーを飲んでいたのです）。これは、発想というよりは、主として情報交換のためでしょう。しかし、話の中から新しい商売のアイディアが出てきたということはあったに違いありません。

アダム・スミス

現在でも、ニューヨークのウォール街の**カフェやレストラン**、ワシントンの**レストラン**などが似た機能を果たしているようです。日本のビジネス街にある喫茶店は、差し向かいで座る形態になっており、自由な論議を行なうには適当な場所ではありません。また、日本のバーや料亭・待合いの類が知的雰囲気とおよそかけ離れていることは、いうまでもありません。

新しいビジネスの創出のために、「**インキュベイター**」（ふ卵機）が必要だという議論がしばしばなされます。しかし、このために必要なのは、大袈裟な研究施設やセミナーハウスではないのです。

日本でも、若いビジネスマンを中心に、**異業種交流会**などが持たれることがあります。こうした集まりは、単なる人脈形成や情報交換でなく、創造的な発想のための社外の人々との接触の場として活用すべきでしょう。「わが社」という狭い社会にこもりがちな日本のビジネスマンには、非常に重要なことです。

ポイント　**自由な意見を交換できる場は、ビジネスマンの発想のためにも必要。**

●理想的インキュベイター

大学や研究所の存在意義は、討論や意見交換の相手を身近に見つけられることです。専門分野がある程度近接しており、しかも能力が一定水準以上の人々を集めているからです。ですから、こうした環境を得られた人々は、それを大事に活用すべきです。

アーノ・ペンジャス

サミュエル・ティン

これは、アイディアを生み、育てるための理想的なインキュベイターです。いかにコンピュータを駆使したところで、こうした環境にははるかに及びません。

アーノ・ペンジャス（1978年のノーベル物理学賞受賞者）は、自分が研究を行なった**ベル研究所**がどのような意味で優れているかについて、「科学者として成功するか、ごく普通か、あるいは駄目かということは、すべて**問題の選び方にかかっている**。ここではいろいろの人との間で交流があるので、問題を見つけるのがやさしい」と述べています。**サミュエル・ティン**

（1976年のノーベル物理学賞受賞者）は、コロンビア大学物理学部で、多くのノーベル賞受賞者から、「物理学者にとって最も重要なのは**トピックを選ぶことだ**と学んだ」とのコメントを得ています*。

ただし、大学や研究所が必ずインキュベイターになるかといえば、そうでもありません。理想環境は、**望みえない**ことが多いのです。

まず、知的な交換をして意味がある人は、そう沢山はいません。仮にいたとしても、知的交換は、双務的でないと成り立ちません。有能な人間は家庭教師のように一方的に教えてくれるほど暇ではないので、一方だけが利益を受けることはできません。相手にも寄与する必要があります。このためには、メンバーがほぼ同一の知的レベルにあることが必要です。こうした状況は、めったに実現できません。

そこで、われわれは、たとえ不完全であっても、次善の支援システムを探す必要があります。これについて、次節で述べることとしましょう。

ポイント　**知的な人々の集まりは、新しいアイディアを生むためのインキュベイターとして重要。ただし、こうした環境は、誰の手にも入るというものではない。**

＊ 三浦賢一『ノーベル賞の発想』、朝日選書279、1985年。

BOX

ケンブリッジの知的エリート

ヨーロッパでは、**排他的な知的グループ**が、大学の周辺に作られることがよくあります。18世紀後半から19世紀の前半にかけて、オクスフォード大学やケンブリッジ大学に、こうした秘密会がいくつも作られました。会員が論文を発表し、夜がふけるまで討議を行ないます。

バートランド・ラッセル

ケンブリッジに1820年に作られた「**使徒会**」はその1つで、19世紀の終わりから1930年代頃にかけては、**ジョージ・エドワード・ムーア**、**バートランド・ラッセル**、**ジョン・メイナード・ケインズ**、**ルートヴィヒ・ウイトゲンシュタイン**、**フランク・ラムゼイ**などが集まりました。＊

デーヴィッド・ハーバート・ロレンス

ルートヴィヒ・ウイトゲンシュタイン

1914年頃には、ロンドンのブルームズベリー地区に住んだ芸術家を中心として、「**ブルームズベリー・グループ**」が結成されました。ここには、ケインズをはじめとして使徒会のメンバーも参加していました。ケインズの経済学は、これらの会員の思想に強く影響されています。

ただし、こうした排他的エリート主義が外からどう評価されたかは、全く別問題です。**デーヴィッド・ハーバート・ロレンス**は、ブルームズベリーのメンバー、とくにケインズに対して非常に強い嫌悪感を抱いていました。

＊ リチャード・ディーコン（橋口稔訳）『ケンブリッジのエリートたち』、晶文社、1988年。

3 本と対話する

●最高の対話相手

草稿を読んでもらうには相手が必要ですから、簡単にできることではありません。これを代替するのが、書籍や論文などの**文献**です。読書は、うまく行なえば、**著者とのディスカッション**となります。対話の相手として読むことができるのです。したがって、本は、**理想的なインキュベイター**の代替物となります。

本は刺激に富んでいます。仕事がゆきづまったときに読むと、何らかの解決策が見出せることがあります。本に書いてあることが必ずしも直接の回答ではないのですが、触発されるのです。あるいは、別の観点からのアプローチに気づくこともあります。こうした意味で、読書は発想のために大変重要な手段です。「こういう見方もあるのか」「こういう問題点も重要だ」と感じることが多くあります。あるいは、そこで述べられていることがきっかけとなって考えが発展し、新しい発想が得られることも多くあります。場合によっては、これによってもとの考え方が覆されることもありえます。

読書は、これまで述べてきた生身の人間を相手にする方法とは違って、**誰にでもできる**ことです。しかも、相手は、現在生きている人に限られません。歴史上の最高の頭脳と対話することもできるわけです。考えてみれば、素晴らしいことです。

いうまでもないことですが、これを可能としたのは、**印刷術**です。そして、印刷のコストが低下したために、誰でも簡単に書籍を入手できるようになったからです。われわれは、その恩恵を最大限に活用すべきです。

アルトゥル・ショウペンハウエル

ただし、これとは**逆の意見**もあります。**アルトゥル・ショウペンハウエル**は、「自分のいだく基本的思想にのみ真理と生命が宿る」「書物から読み取った他人の思想は、他人の食べ残し、他人の脱ぎ捨てた古着にすぎない」「読書は思想の代用品にすぎない」「常にまとまった思想を自分で生み出そうとする思索にとって、これ（読書）ほど有害なものはない」「読書は、他人にものを考えてもらうことである」「読書に際しての心がけとしては、読まずにすます技術が非常に大切である」などと述べています*。

確かに傾聴すべき意見です。しかし、私が**この意見を**

知ったのは、読書によってなのです。

――＊ショウペンハウエル（斎藤忍随訳）「思索」『読書について 他二篇』所収、岩波文庫、1960年。

ポイント　読書は、著者との対話。生身の人間を相手にするのと違って、誰にでもできる。

●問題意識を持って本と格闘する

ただし、漫然と読書しても、発想の役には立ちません。

本を読むとき、多くの人は、学ぶ姿勢で読みます。とくに、教科書を読んだり、教養を高めるために読む場合には、そうなります。しかし、ここで述べている読書は、受動的に読むのではなく、能動的・積極的に読むのです。対話をするつもりで、本に語り掛ける。大袈裟にいえば、本と格闘するのです。

このためには、こちらで**問題意識**を持っていることが必要です。読み手の頭が空では駄目です。

例えば、自分の考えをチェックするために読む場合には、そのテーマについて自分とは異なる立場の著者の本を読み、「これは違うのではないか？　なぜならば、……」というように反論し、討論します。

本を読めば、その影響で、頭の中にいろいろな考えが浮かんできます。頭に浮かんだこと、思いついたことをメモします。著者が主張していることを、自分自身の言葉で書き直してみるのもよいでしょう。本の余白に書き込んでも構いません。自分の蔵書であれば、本を綺麗なままに残すことに何の意味もありません。躊躇せずにアンダーラインを引いたり書き込んだりしましょう。

ポイント　**対話のためには、受動的に読むのでなく、能動的に読む。このためには、自分自身の問題意識を持っていることが前提。**

●図書館の蔵書の書きこみから発想する

多くの研究者が、このような態度で本を読んでいます。その証拠に、大学図書館の蔵書を見ると、多くの本に書きこみがあります。

いうまでもなく、図書館の規則では、「蔵書に書きこみをしてはならない」ということになっています。しかし、適切な書きこみは、後から読む者にとっての適切なガイドになることが多いのです。私自身も、随分恩恵を受けました。

　とくに有用に思ったのは、アメリカの大学院で勉強していたときのことです。学生が読むべき文献をリストアップした「リーディング・アサインメント」というものが講義で配られます。ところが、教師によっては、数冊の本を読むべき対象として掲げていたりします。しかし、1週間の間にそんなに大量の読書はできません。こんなとき、私はまず本を横から見て、手垢で黒くなっている部分を読みました。時間がないときには、そのページの中でアンダーラインが引かれている箇所だけを拾い読みしました。これでも、「およそどんなことが書いてあるか」という見当はつくものです。少なくとも、全然読まないのとはだいぶ違います。つまり、きちんとした文章で書きこみがなくても、**図書館の本は、有用な情報を発信していた**のです。

ピエール・ド・フェルマー

　「**フェルマーの定理**」も、**ピエール・ド・フェルマー**が蔵書の余白に書き込んだものです*。この書きこみが、数学の歴史で最も難しい問題を提起しました。

ついでにいうと、書きこみは、紙の本だからできることです。電子書籍では難しい。電子書籍にさまざまな長所があるのは事実ですが、あまり知的な印象を持てない1つの理由は、「書きこみができない」ということにあるのではないでしょうか？

ポイント　図書館の蔵書への書きこみは禁止されているが、実際には、後から読む者へのガイドとなる場合が多くある。

＊　この本は、図書館の蔵書ではなく、彼自身の個人蔵書でした。ギリシャの数学者**ディオファンテス**の著作の翻訳に、「定理を証明したが、余白が足りないために、証明を書き込むことができない」とラテン語で書かれていたのです。なお、**フェルマー**は、専門の数学者でなく、判事であり、ツールーズ議会の顧問でした。彼が「余白に書ききれなかった」証明は、1995年にプリンストン大学のワイルズによって完成されましたが、本文だけで150ページに及びます。

第4章のまとめ

1．ブレインストーミングは、新しいアイディアを生み出すために、非常に有効です。**質の高い参加者**を集める必要があります。作業途中の草稿を読んでもらうことも、発想に役立ちます。ただし、そのような相手は容易には見つかりません。

2．知的な人々の集まりも、発想には理想的な環境です。しかし、こうした集まりを作るのは、現実には難しいことです。日本では、このような集まりを作る知的伝統が乏しかったのです。

3．問題意識を持った**能動的読書**は、誰にでもできる知的対話の手法です。

発想力トレーニング（4）　逆にしてみる

ヘンリー・フォード

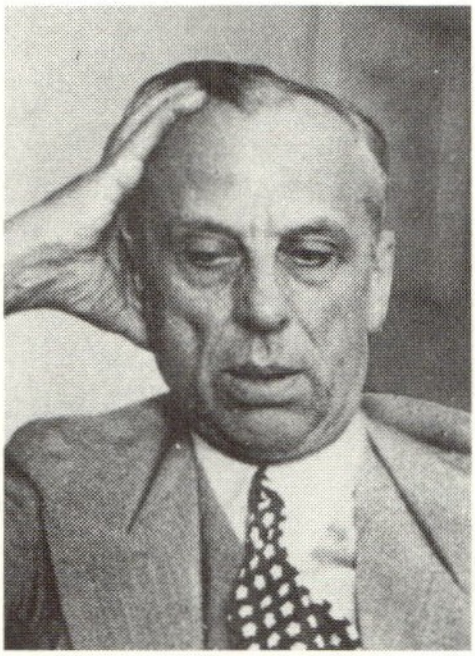
アルフレッド・スローン

ヘンリー・フォードは、製品は動かず労働者が動くそれまでの自動車組み立て作業を逆転させ、労働者が動かず製品が動く「流れ作業」を考案しました。アルフレッド・スローンは、従来の「買ってから乗る」方式を逆転させた「乗ってから買う」方式（オート・ローン）を考案して、GMを破産の危機から救いました。

リバース・モーゲッジ（通常の住宅担保貸付で貸付残高が時間とともに減少するのに対し、残高が増加する貸付）や、リバース・オークション（通常のオークションと逆に、買い手が条件を提示する）も、逆転の思考から生まれた経済取引です。

鏡の国に行ったアリスのように「世界を逆に見る」

ことが、新しいビジネスモデルを生むことがあります。「引いて駄目なら押してみろ」というわけです。フォードやスローンに倣って、考え付くあらゆるものを逆にしてみましょう。

もっとも、これでつねに成功するとは限りません。有名な失敗例をあげましょう。前向きに並んでいる旅客機の座席を後向きに配置すると、事故の際の生存確率が格段に上昇します。しかし、実際に座席を後向きにした旅客機は、「そうせねばならぬほど危険な飛行機なのか」と判断されてしまいました。

第5章

AI時代の「超」発想法

ＡＩのパターン認識能力の向上やデータのクラウド保存で、これまでは不可能であったことが可能になっています。こうした技術を個人の発想作業でどのように活用できるかを考えます。

1 音声入力でメモを取る

●待ち望んでいた技術が実用的になった

メモは、発想にあたって非常に重要な道具です。

ところが、これまで、メモを取るのは決して簡単なことではありませんでした。メモ用紙が手元にあるとは限りません。あったとしても、それに書くのが簡単ではありません。

したがって、重要なことだけをメモしようとします。あるいは、後になって考えがまとまってからメモしようとします。しかし、このようなことをやっていると、考えていたことを忘れてしまうのです。**思いついたことを直ちにメモ**して逃さないようにするのは、大変重要なことです。

しかも、これまでは、メモに書いても、その**紙片が行方不明**になってしまうことが頻繁に生じました。紛失しないためには、紙片に書いたままにせず、PCに記録するなどの手間が必要でした。これも、決して簡単なことではありませんでした。

ところが、こうしたことに関する条件が、ここ数年で大きく変わったのです。それは、AIを用いた**音声認識機能を使って、誰でもスマートフォンで簡単にメモを取れる**ようになったことです。スマートフォンに向かって話すと、瞬時にテキストの文字列に変換してくれます。

スマートフォンは、どこにでも持っていけて、いつでも使えるので、いつでもどこでも、思いついたことを実に簡単にメモできるようになりました。しかも、そのメモを紛失することがありません。

右に述べたメモに関するすべての問題が、音声メモによって解決されたのです。

また、最近ではスマートフォンで写真をとることが簡単になったので、紙にメモを取っても、写真をとっておけば、紛失することはなくなりました。

こうして、メモの新しいシステムを作ることが可能になっています。

ポイント メモは非常に重要だが、これまでは紛失などの問題があった。スマートフォンの音声入力機能を使うと、この問題を解決できる。

●AIのパターン認識技術の成果

音声認識は、私が昔から待ち望んでいた夢の技術です。1990年代に、デスクトップPCで用いる音声認識ソフトが開発されました。このとき、早速飛びついて試してみたのですが、残念ながら、全く実用になりませんでした。それ以来、ごく最近まで、私は音声入力は不可能であるとあきらめていました。

最近の音声入力は、**AIのパターン認識技術**によって可能になったものです。従来はきわめて精度が低かった音声認識が、やっと実用段階に達したのです。

夢の最先端技術が、かくも手軽に、しかも無料でいくらでも利用できるようになったのは、驚嘆すべきことです。

音声入力は、まだ未完成な技術であり、不十分なところが多くあります。認識能力は完璧とはいえず、とくに専門用語が入ると、誤変換が多くなります。しかし、通常の言葉であれば、かなりの程度の認識能力があり、話すスピードがいくら速くても認識してくれます。

この技術が目覚ましいスピードで進歩していることに間違いはなく、それがわれわれの社会に与える影響はきわめて大きなものになるでしょう。

ポイント　**音声入力は、AIのパターン認識によって可能となった夢の技術。**

●いつでもどこでも、簡単にメモを取れる

第3章の3で述べたように、アイディアが浮かぶ場所は、通常は仕事机の上ではありません。それから少し離れた場所です。つまり、**これまでの手段ではメモを取るのが不便だった場所**です。

そうした場所で生まれるアイディアが、スマートフォンへの音声入力によって簡単に記録できるようになったのですから、この変化はきわめて大きいものです。

特筆すべきは、寝ている間に浮かんだ考えでも、ある程度はキャッチできるようになったことです。

第3章で述べたように、**寝ている間に新しい考えが出る**ことがよくあります。ところ

が、これまでは、そのメモを取ることができませんでした。「寝入りばなにいい考えが浮かんだのだが、メモを取るのが面倒なのでそのままにしていたところ、翌朝になったら、いい考えが浮かんだということだけを覚えていて、アイディアそのものは全く思い出せない」ということを、しばしば経験していました。

ところが、音声入力であれば、ベッドの中で寝た姿勢でもメモを取ることができます。そこで、こうしたアイディアを逃すことがなくなりました。これも、大変大きな変化です。

ポイント　スマートフォンで音声入力を簡単にできるようになったため、いつでもどこでもメモを取れるようになった。このため、重要なアイディアを逃すことがなくなった。

●「超」メモ帳を作る

ただし、簡単にメモを取れるようになったため、メモの量が爆発的に増えました。そうなると、それらを管理することが問題になってきます。

大量にたまったメモの中から重要なものだけ残そうとして、不要になったメモを削除しようとしても、メモが増えるスピードのほうが速くて、追いつかないのです。

このため、「メモを取って、それを保存してあるのに、探し出すことができない」という問題が生じます。これをどのように解決するかが、AI時代の発想における重要な課題になりました。

デジタル情報については、保存容量には事実上制限がなくなったので、いくらでも保存することができます。そこで、「**捨てるのではなく、検索する**」という方針に発想を転換することが必要です。

そして、きわめて大量のメモの集まりから、求めるメモを、必ずしかも即座に引き出せるようにするための検索キーワード（タグ）のシステムをうまく構築します。すると、「**いくらでもためて、必要なときにいつでも参照できる**」メモのシステムができます。これは、**「超」メモ帳**と呼びうるものです。

下記のQRコードをスマートフォンで認識させると、『「超」メモ帳』の説明ページに飛びます。

キーワードシステム構築の具体的な方法については、『「超」AI整理法』（2019年6月、KADOKAWA）を参照してください。

ポイント 大量のメモをスマートフォンに記録した場合に問題になるのは、必要なメモを後で引き出せなくなること。「超」メモ帳はこれを解決する。

2 データベースを用いて発想する

●アイディアの種をウエブから引き出す

第4章で述べたように、発想のための最も強力な方法は、ブレインストーミングです。しかし、問題は、適当な相手を探し出すのが難しいことです。見つかっても、有能な人は忙しいので、こちらの都合だけのために協力してもらうのは、容易ではありません。

ところが、ブレインストーミングと似たことを、書籍を相手にしてすることができます。これについては、第4章の3で述べました。これをさらに拡張し、ITの手段を用いて行なうこともできます。

それは、「**データベースに対して検索を行ない、そこからアイディアのきっかけを引き出す**」という方法です。検索機能を用いると、大量のデータの中から、特定のものを選び出すことができます。この機能をうまく活用すると、「発想機械」を作ることができるのです。

問題はどのようなデータベースを用いるかです。まず第一に考えられるデータベースとして、ウエブそのものがあります。

つまり、ウエブを検索するのです。ウエブの検索なら、いつでも簡単に行なうことができますから、ブレインストーミングよりはるかに容易に実行できます。そして、うまくいけば、ブレインストーミングに似た効果を期待することができるのです。

これは、**ウエブの記事との「対話」**です。そこからアイディアを引き出せることを期待するのです。もちろん人間相手のブレインストーミングのようなわけにはゆきませんが、うまく行なえば、それに似た効果を期待することができます。

通常、ウエブを検索するのは、知りたいことがある場合です。例えば、「フィンテック」という言葉の意味を調べる。あるいはフィンテックの現状がどうなっているかについてニュースを知るということです。こうした使い方はもちろん重要ですが、ここで述べるのは、それとは異なる使い方です。

ポイント　**ウエブの対話的検索で、ブレインストーミングと似たことを実現できる。**

●原稿のテーマが見つからないとき

例をあげましょう。「雑誌に原稿を書く約束をしたが、締め切りが迫っているのに適当なテーマが見当たらない」ということがあります。こうした場合に、ウエブに対して検索を行なうのです。

and 検索をはじめ、さまざまな論理検索を行なえますから、かなり複雑な検索を行なうことが可能です。

例えば「AIの機能を用いて発想を行なう方法」を考える際に、「AI」「発想」「アイディア」といったキーワードを用いて検索してみれば、このテーマについての有用な記事を引き出してくれるかもしれません。直接に関連がなくとも、この問題について新しい観点から眺めたものもあるでしょう。それに触発されて、何か新しいアイディアを思いつくかもしれません。

あるいは、引き出した記事の意見に対して、反対する意見を考えてみることにします。そうすると、自分自身の考えの論理を発展させることができるでしょう。

こうして、不完全ではあるけれども、**ウエブ検索をある種の発想機械として用いる**ことができるのです。

新しい方法やアイディアを見出すこともできるかもしれません。キーワードのさまざまな組み合わせを試みれば、思いがけない知的発見へ導かれたり、新たな発想が得られたりするチャンスもあります。

インターネットには、実に多様な情報が流されています。得られた情報がそのままの形で価値があるかどうかは分かりません。しかし、意外な結果を期待できるかもしれません。

もちろん、本当に利用価値のあるものが出てくるかどうかは分かりません。

また、仮に適切な記事が引き出せても、その内容を私のエッセイとして横取りするわけにはゆきません。しかし、**ヒントが得られる**ことはあります。

以上で述べた方法に、非常に面白い可能性が含まれているのは事実です。潜在的な可能性の割には、十分な議論が行なわれていないように思います。

こうした方法をさらに発展させる方法を、以下で述べることにします。

ポイント　**ウエブに対して検索を行なうと、発想のための手がかりを摑める場合がある。ウエブとの対話的検索は、ある種の発想機械になる。**

●検索の対象を絞る

ウエブにある文章は質が保証されておらず、質の高い文書を探し出すのは、必ずしも容易ではありません。

第4章で述べた印刷物の書籍の場合には、ある程度の質は保証されているのですが、検索ができないことが大きな問題です。

そこで、ウエブを検索する場合に、**対象を絞る**ことが考えられます。

例えば、新聞名との and 検索を行なえば、新聞記事だけを対象にすることができます。あるいは、レポート、年報等を対象にすることも考えられます。研究者が、専門のサイトを開いている場合もあります。

なおTwitterなどのSNSで特定の人をフォローするということも、しばしば推奨されます。ただ、これはあまりに受動的な方法ではないでしょうか？　しかも、Twitter程度の短い文章の中に有益なアイディアのもとが見出せるとは思いません。

なお、インターネットには、きわめて優れたデータベースが多数提供されています。例えば、**ウィリアム・シェイクスピア**や聖書などについて、そのすべてをキーワードで検索できるサービスが無料で提供されています。シェイクスピアのサイトで「marriage」とい

ウィリアム・シェイクスピア

う単語で検索すれば、シェイクスピアが結婚について何を書いているかを網羅的に知ることができます。こうした利用法をすれば、有益な情報を得ることができるでしょう。

ポイント　ウエブには質の低い情報も多いので、対象をうまく絞ることが重要。

●限界と問題点

ただし、ウエブそのものでは、発想を得るためのデータベースとしての機能には限界があります。

もともとそうした目的のために作られたものではないので、確実な成果を期待することはできません。ウエブの記事は、情報を発信するためのものであり、そこから「アイディア」を得ようというのは、予期されていない使い方です。

また、「検索」も、それに該当するものを見出すのが目的であり、ここで述べたように

「関連事項を探して発想に役立てよう」というのは、想定外の使い方です。

ですから、アイディアを求めて検索しても、徒労に終わる可能性は高いと覚悟しなければなりません。「大量の結果が引き出されたが、全部期待はずれ」ということも、十分にありえます。**過大な期待は禁物**です。

また、こうした方法を実用化するには、検索技術が進歩する必要があります。現在の検索エンジンでは、例えば「AI」と「アイディア」をand検索しても、「AIを用いてアイディアを生み出す方法」ではなく、「AIを設計するためのアイディア」を引き出す可能性が高いでしょう。

前者の内容だけを引き出すには、キーワードの組み合わせの意味を検索エンジンが理解する必要があり、これには人工知能的な機能が必要です(「シンタックス検索」でなく「セマンティック検索」を行なう必要があります)。そうした機能の開発は、決して容易な課題ではありませんが、不可能とも思われません。技術の進歩は、やがてこうした方法を実用的なものとしてゆくでしょう。

ポイント 現在の検索はセマンティック検索が未発達という問題があるが、将来は可能になるるだろう。

3 自分自身のアイディアデータベースを作る

●自分用の新聞記事データベースを作る

右に述べたのは、すでに存在しているウエブの記事をデータベースとして利用し、それを検索しようというものです。

ただし、そのデータベースはウエブという出来合いのものです。このために、右に述べたように、必ずしも効率のよいものになるとはいえないのです。

そこで、右のシステムを改善することを考えることにします。それは、**自分の問題意識に沿ったデータベースを作る**ことです。

まず最初に、新聞記事のデータベースを作ることが考えられます。

アイディアのもとにするために新聞の切り抜きを行なうのは、多くの人が昔から行なってきたことです。しかし、ＡＩの技術を用いれば、これを従来よりはずっと簡単にできるようになりました。

それは、新聞記事の見出しだけを保存しておく方法です。ウエブ版の有料会員になっていれば、記事そのものはウエブから探し出すことができるからです。

新聞の見出しは自分に関心があるものですから、これで自分の問題意識のリストを作ることになります。

具体的には、新聞を読んだとき、**後で使えそうな記事を、音声入力**しておきます。そして、それを前述の「超」メモ帳に記入しておき、必要に応じて検索するのです。

新聞には、書籍に比べて、雑多ではありますが多種多様な情報が入っています。書籍にはある程度確立された理論や事実しか載っていませんが、新聞には、評価が確立していない考えや、個人的な見解も載っています。発想という目的には、こちらのほうが役立つ場合が多くあります。

キーワードを入力して関連記事を見ていると、面白い情報を探し当てることができるかもしれません。

エッセイのテーマを探しているときなら、適当なキーワードを入れて出てきた記事を読み、そこから考えを進めます。例えば、「教育」を検索して出てきた記事から「地域格差」が問題だということになるかもしれません。あるいは、「相続税」で出てきた記事を読んでいる間に、中小企業の構造改革の問題を発見するかもしれません。

記事とは正反対のことが正しいと思うときもあります。その場合は、記事の批判から発想が始まるでしょう。

ポイント **新聞記事のデータベースには多種多様な情報が入っているから、発想に役立つ場合が多くある。**

●自分自身のアイディアメモを作る

以上で述べたのは、ウエブにしても新聞記事にしても、他の人が作成した情報です。

これに対して、自分自身が考え出したアイディアのデータベースを作成することが考えられます。

ここで対象とするのは、系統だったアイディア、論理的な一貫性を持つとは限らない、「思考の断片」です。アイディアとアイディアの間も、うまくつながっておらず、矛盾している場合さえあります。

しかし、このような断片が集まれば、それらをうまくつなぎ合わせることによって、素晴らしいアイディアが誕生するかもしれません。

これは右に述べたウエブの検索と似た方法ですが、蓄積されているものが一般的な情報ではなく、自分自身が考えたものなので、発想という目的のためには、はるかに効率がよいものになります。

こうしたものを逃さずに記録するには、効率的なメモのシステムを用意する必要があります。先ほど述べた**「超」メモ帳は、このための理想的な道具となる**でしょう。アイディアが欲しいと思ったら、このメモ帳を検索し、そこで得られるものをもととして、考えを進めていけばよいわけです。

ポイント　思想の断片を「超」メモ帳に残しておけば、アイディアについてのデータベースになる。

●自分が書いた文書をデータベースにする

文章を書くときに、**自分自身が過去に書いた文書は、大変重要な参照対象**になります。

例えば、発想という問題について文章を書くとき、「発想」「創造」「アイディア」などのキーワードで検索をかけてみます。すると、過去にこれらのテーマについて書いたファイルを取り出すことができます。それらを読むと、自分がその問題に対してどのような考えを持ってきたかを俯瞰《ふかん》することができます。あるいは、忘れてしまっていた論点を思い出すこともあります。さまざまなコンテクストで書かれているので、思いがけない発見をすることもあります。

これらを出発点として、さらに考えを進めることができます。例えば、1つの論点を取り出して、それを発展させます。あるいは、それを逆の視点から考えてみる。あたかも他人の論文を批評するように、問題点を抜き出して批判してみる。こうした作業を行なってゆくと、いままで考えつかなかった発想が生まれる可能性もあります。

ただし、この方法を用いるには、自分自身が書いた**文書ファイルがかなりの量存在し、かつそれらが検索可能な状態になっていなければなりません**。そうでなければ、思いがけない発見をすることはないでしょう。私の場合には、電子形態の文書が20年以上の期間にわたって存在しているため、データベースとして使用できます。

ポイント　自分自身が過去に書いた文書をデータベースとして検索し、発想の手がかりを掴むことができる。

4 AIはアイディアを生み出せるか？

●AIは人間の関与なしに発想できるか？

以上で、データベースを用いて発想する方法について論じました。

ただし、これまで述べたのは、「人間がコンピュータの助けを借りて発想する」ということです。発想の主体は、あくまでも人間です。ウエブのような出来合いのデータベースを使うとしても、キーワードの組み合わせは人間が与える必要があります。

ところが、「AIが発達すれば、コンピュータが人間と同じように思考できるか？」という非常に興味ある問題があります。

ついこの間まで、これはSF世界のものでした。しかし、AIの発展に伴って、必ずしもSF世界のものとはいえなくなりつつあります。

実際、最近の**AIは、文章を書いたり、映画のシナリオを作ったりできる**ようになっています。

例えば、スポーツ記事や企業の決算などの記事については、データを与えればAIがニュースを配信してくれるサービスが、すでに実際に使われています。またテーマを与えるとそれに関する文章を書いてくれるサービスもウエブで提供されており、これは個人でも使うことができます。さらに、広告用のキャッチコピーを作るAIもあります。

しかし、これらは、われわれが目的としている発想システムとは違うものです。新聞記事を作るAIは、与えられたデータに応じて定型的な文章を作るだけであり、**新しいアイディアや新しい考えを示してくれるわけではありません**。

テーマを与えると文章を書いてくれるサービスも、そのテーマに関するウエブの記事を調べ、それらを切り抜いて組み合わせ、文章を作るだけです。

こうしたサービスの目的は、新しいアイディアを出すことではなく、ウエブサイトへのアクセスを増やすために、大量の文章を作成することです。

ポイント　**AIは、文章を書いたり映画のシナリオを作ったりできるようになっている。**

●人間の発想が不必要になるとは考えにくい

右に述べた文章作成AIでは、テーマは人間が与える必要があります。もっともそれは、現在はそうだということであり、将来は、人間が指示しなくても自分でテーマを探してくるAIが登場することが、十分に考えられます。

実際、技術の分野では、AIはさらに進んだ創造活動を行なうようになっています。それは、「**マテリアル・インフォマティックス**」というものです。これは、新材料の開発を、AIが行なうものです。すでにいくつかの大きな成果をあげていると報告されています。

ただし、現在のAIが行なっているのは、考えられるさまざまな組み合わせを試みるという方法です。それは、第1章の1で述べた**「猿のタイプライター」と、基本的に同じ**ものです。

第7章では、発想を機械的な方法で行なうことに否定的な意見を示します。ところで、AIが現在行なっている方法は、そこで述べる機械的方法と本質的に同じものです。

もちろん、違いはあります。まず、コンピュータの処理速度は人間のそれに比べて非常に速いので、多数の組み合わせを短時間で処理することができます。またすべての組み合わせを同等に扱うのではなく、データに基づいて、成功する可能性が高いものを重点的に扱うこともできます。

そうではあっても、「あらゆる組み合わせ」の数は、膨大です。いかに量子コンピュータが発達したとしても扱えない規模のものでしょう。

発想にあたって最も重要なものを、第1章では、直観とか審美眼という言葉で表現しました。明確に定義された概念ではないのですが、発想にあたって本質的な重要性を持つものだと考えられます。

AIにそうした能力がない以上、人間が全く関与しない全自動の発想機械が登場するとは、考えられません。

ポイント　AIの発想法は、人間のそれと原理的には同じだが、AIは直観力を持っていない。だから、新しいアイディアを示してくれるとは考えにくい。

第5章のまとめ

1. **メモ**は発想のために本質的に重要な道具です。ＡＩ**音声認識**機能の向上で、スマートフォンに**音声入力**でメモを取ることが可能になりました。キーワードのシステムをうまく作ると、いくらでもためて瞬時に引き出せる**「超」メモ帳**を構築できます。

2. **データベースを検索**することによって、ブレインストーミングと似た効果を期待することができます。ウエブをデータベースとすることが考えられます。

3. **自分用のデータベース**を作れば、もっと効率的です。新聞記事の見出し、過去に自分が書いた文書のデータベースが考えられます。さらに、自分のアイディアのデータベースを**「超」メモ帳**に作ることができます。

4. **ＡＩ**は、文章を書けるようになってきています。しかし、全自動の発想機械が登場するとは考えられません。

発想力トレーニング(5)　2つの要素を取り出してマトリックスで考える

世界の国を、「先進国・発展途上国」という軸と、「複数党民主国・一党独裁国」という軸とで区別してみます。先進国の多くは複数党民主国（複数の政党間の政権交代がある国）であり、発展途上国の多くが一党独裁ですが、中には一党独裁の先進国もあります。

コミュニケーション・メディアを、「不特定多数向け・特定対象向け」という軸と、「一方向・双方向」という軸で区別してみましょう。従来は、不特定多数向けのメディアはテレビ、ラジオのように一方向であり、双方向メディアは電話のように特定の対象に向けたものでした。インターネットは、不特定多数を対象に双方向の通信ができるという意味で、従来にはなかったものです。

このように、対象を性格付ける要素を2つ取り出し、その組み合わせを2×2のマトリックスで考えます。4つのマス目に対象を入れてみると、そこからアイディアが得られることがあります。とくに、空になっている欄がある場合には、そうです。

第6章

発想の敵たち

以上の各章で述べてきたのは、発想を生み出すための工夫です。第6章と第7章では、**発想の妨げ**となる考えや環境を指摘します。

ここで述べるのは、われわれ自身の中に、あるいは周囲に、ごく普通に見られる生活態度や考え方です。発想の敵は、一般にいわれるように「**模倣**」なのではなく、ここで述べるようなものなのです。新しいアイディアを生み出したいと思うなら、まず、これらを退治する必要があります。

1 発想を拒否する人々（その1）

●事大主義・権威主義に冒された狐たち

発想の敵となる第一の要素は、個人の中にあります。その最大のものは、**事大主義、権威主義**です（事大主義とは、大に事《つか》えることをいいます）。

本人の中身は空虚であるにもかかわらず（あるいは、それゆえに）、「**大きなもの**」「偉いもの」によりかかって自分を大きく見せようとします。つまり、「虎の威を借る狐」です。

この病に冒されている典型的な人々は、**学者**（正確にいうと、えせ学者）の中に見出されます。彼らが書いたものを見れば、内容を読まなくとも、形式基準だけで判定できます。その見分け方を以下に述べましょう。

第一に、中身がないのに、**引用**がやたらと多くあります。「マルクスによれば」「ケインズによれば」「ハイエクによれば」……と、引用の寄せ集めのような論文もあります。経済学の場合について、いうと、経済の動きを理解するための理論ではなく、「**経済学学**」になっています。つまり、経済学者（通常は欧米人）が何を言ったかの説明に終始しているのです。

こういうものを、「**狐文**」と呼ぶことができるでしょう。狐文が尊重されるのは、必ずしも日本の特殊事情ではありません。しかし、島国であり外国語との言語格差が著しい日本では、権威を海外に求める狐が跋扈《ばっこ》しやすいのです。

第二に、「私は……**と考える**」「私の**意見**では……である」という一人称代名詞が現れません。その代わり、必ず「……**といわれている**」「……が**学界の大勢**である」となります。あるいは、「**よく知られているように**」「……**といわれて久しい**」などとなります。主張すべき自分の考えを持っていないから、こうした表現になるのです。逆にいえば、「私は……」と書いてある論文は、信頼できることが多いといえます。

第三に、簡単な内容を**ことさら難しく**書きます。一度読んだだけでは分からないような複雑な構成の文章です。内容の貧弱さを暴露させないためには、人を寄せ付けないことが必要であり、そのために難解さの壁を築くからです。それが嵩じて、難解さこそが重要だと勘違いしているのです。本当に優れた作品は、相手に理解してもらおうという迫力に満ちており、素直に頭に入ります。

権威主義者は、ジャーナリストにも多くいます。もっとも、学者のような文章を書いては、誰も読まないので、文章の形式だけでは判別できません。ただし、中身はないので、少し読み進めばすぐに分かります。そして、会って5分も話せば、さらに明白になります。権威には盲目的に服従しますが、そうでない人には高圧的になります。

こういう考えを持つ人から新しいアイディアが出てくるはずがありません。こうした人々は、発想を拒否しているのです。事大主義と権威主義こそ、発想の最大の敵です。

ポイント　本人の中身は空虚であるのに、権威によりかかって自分を大きく見せようとする「事大主義」と「権威主義」は、発想の最大の敵。学者には、この病にかかった人が多い。彼らの文章には権威の引用しかないから、容易に判別できる。

BOX

狐たちの生態点描

(1)「いま大臣をやっている○○君だがね、昔からよく知っていてね。先日も会ってアドバイスしたら、感激していたよ」
(解説：その人の前に出れば、決して「君」などといえないことは、明らかです。「アドバイス」の実態は、お追従《ついしょう》に違いない)。

(2)「あの法律は私が審議会のメンバーのときに作ったものでして、随分苦労しました」
(解説：審議会メンバーが官僚の操り人形にすぎないことは、誰でも知っています。操られているご当人以外は)。

(3)「経済学では……」「アメリカでは……」「フランスでは……」
(解説：これを連発する狐族を、「出羽の守狐」〈デワのカミキツネ〉といいます。「デワ、デワ」と連呼していると、自分が高みに上ってゆき、聞き手を見下せるような気持ちになるからしょう。学問でデワと引用するのは、圧倒的に経済学です。「数学では、物理学では」という表現を聞かないのが面白いところです）。

（4）「狐病」が嵩じると、自らの中身は真空になります。ある研究会で、学界有力者の弟子の発表を聞いたことがあります。話し方からしぐさまで、大先生の癖そっくりなので、唖然としました。そして、寒気を感じました。この人は、生涯、大先生のエピゴーネン（ならまだよいのですが、単なる物真似）に終始し、決して新しいものを生み出すことはないでしょう。

●模倣的創造と権威主義の難しいバランス

第2章の2で述べたように、先行業績を学び先人を**模倣**することは、創造のために不可欠です。しかし、それは、「材料」として必要なのです。それに埋もれてしまうのが、権威主義であり事大主義です。

模倣的創造と権威への盲従とは、全く別のものです。両者は、意図において本質的に異なるものなのです。模倣的創造とは、創造を目的とし、その出発点として模倣します。最終的な目的は、模倣からの脱却です。これに対して、権威主義に陥っている人々は、創造の意欲を持っていません。

しかし、現実には、模倣と創造のバランスを適切にとるのは、難しいことです。実際には、両者の差が「紙一重」であることも少なくありません。このバランスこそが、創造的作業における最重要のポイントです。

「学んで思わざれば則《すなわ》ちくらし。思うて学ばざれば則ちあやうし」という論語の教え（為政第二）は、この点を指摘したものです。これを心に刻み込み、つねに忘れないようにしましょう。

ポイント 模倣的創造と権威主義は、全く別のものだが、「紙一重」でもある。模倣と創造のバランスを適切にとることが重要。

●異質なものの拒否と新しいものへの敵愾心

島国で同質な人々が多い日本では、異質なものを排除しようという考えが支配的になります。しかし、これは、発想には最悪のものです。なぜなら、新しいものは「**異質**なものの組み合わせ」で生じるからです。

意見を求めるなら、異質な意見の持ち主からのものが最も有効です。議論をするなら、できるだけ異質な人を参加させる必要があります。しかし、日本社会では、なかなか難しいことです。批判されるのを嫌う人が多いからです。批判されると、全人格が否定されたと感じる人が多くいます。

異質性の排除は、攘夷主義にもつながります。英語の拒否や、「アングロサクソンの支配」に対する反発も、同じ考えから生じるものでしょう。

新しい技術に対する敵愾心《てきがいしん》も、これと似た心理状態から発します。

私は、新しいものに何でも飛びつけ、といっているのではありません。また、伝統的な価値を否定するのでもありません。しかし、新しいものを「新しい」というだけの理由で否定するなら、それは進歩の拒否以外の何物でもありません。

ポイント　異質性の排除も、発想の敵。これは、外国の拒否や、新しい技術に対する敵愾心も引き起こす。

BOX

社会に受け入れられなかった大発明

新製品が拒否されるのは、昔からあったことです。

1874年にレミントン社が近代タイプライターの原型を製造してから10年以上、アメリカ社会はこれを受け入れませんでした。「タイプされた手紙は無礼だ」というのが、理由です（タイピストが少なかったからではないことに注意してください）。テキサスのある保険代理店は、タイプした手紙に対して、顧客から苦情を受けました。

写真の初期の時代には、背骨が折れるほど重く、しかも割れやすいガラスの乾板が用いられていました。イーストマン乾板会社（現イーストマン・コダック社）が紙のフィルムを開発して革命的な変化をもたらしたのですが、このような流れの中で1880年の『英国写真ジャーナル』に、つぎのような投書意見が載りました。

最新式のレディメードの板は写真からすべての楽しみを奪ってしまうものだ。つぎにはプリントや幻灯機用のスライドを店に注文してやらせるようになるかもしれないが、悲しすぎて考えるのもいやだ。*

こうした態度は、実によく分かります。私自身が似た考えを持っているからです。最近の望遠鏡は、アマチュア用であっても、コンピュータで制御されており、ボタンを押すだけで目的の天体を視野に入れます。しかし、子供の頃に星雲や星団を苦労して見つけた私には、この技術はどうもなじめません。「目的の天体を発見した」という喜びが奪われてしまうからです。最新式装置は、暫く使った後お蔵入りにしました。私は、いまでも星図と首っ引きで天体を探しています。

* I・フレイトウ（西尾操子訳）『あっ、発明しちゃった！』、アスキー出版局、1998年。

2 発想を拒否する人々（その2）

●思いこみ

「思いこみ」や**「先入観」**は、事実に反する考えを信じて疑わないことです。疑おうという気持ちすら生じないのです。

私自身が長年にわたって陥っていた「思いこみ」の例をあげましょう。

アメリカのカリフォルニア州には、サン・ディエゴとかサンタ・バーバラというようなスペイン名の地名が多くあります。これらはその土地を開拓した宣教師の名前に違いないと、私は長い間信じていました。そう考えたのは、南カリフォルニアには、カトリックの古いミッションが多いからです。

しかし、この考えは間違っていました。これらは、実は「日付」なのです。ローマン・カトリックの暦では、日付につぎのように名前がついています。

サン・ディエゴ（聖ディダクスの日）	11月12日
サンタ・カタリナ（聖カタリナの日）	11月25日
サン・ペドロ（聖ペテロの日）	11月26日
サンタ・バーバラ（聖バルバラの日）	12月4日
ラ・プリシマ・コンセプシオン（処女懐胎の日）	12月8日

セバスチャン・ビスカイノ

カリフォルニアの地図を見ると、これらの名前が南から北に向かって沿岸に整然と並んでいます。スペインの探検家**セバスチャン・ビスカイノ**が南から北に向けてカリフォルニア沿岸を航海したとき、特徴のある地形に、それを発見した日の名前をつけたのです。

この話は、**マレイ・ゲルマン**の著書**『クォークとジャガー』**に出ているのですが、それを読むまで、私は自分で作り上げた「宣教師説」に少しも疑いを抱いていませんでした。

地名に女性名があることを考えただけで、「宣教師説」がおかしいことは、明らかなのです。しかし、その疑問は潜在意識にとどまって、私に再考を促すには至りませんでした。「思いこみ」とは、そのようなものです。かすかな疑問があるのに、それを押さえ込んで、殺してしまうのです。

もし私が注意深く地名を調べ、かつ十分な知識を持っていれば、思いこみから脱却することはありえました。例えば、コンセプシオン岬です。「コンセプシオン＝懐妊」が宣教師名であるはずはないですから、もし私がカトリック暦について知識を持っていれば、ピンときたはずです。つまり、思いこみからの脱却をもたらすのは、**注意深い観察と広い知識**なのです。

このことは、「思いこみ」一般についていえることです。人々が思いこみに囚われるのは、注意深い観察を怠り、そして十分な知識を持たないからです。

人類が長い期間囚われていた「思いこみ」もあります。その典型例は、「**天動説**」です。地面が動いているという実感は誰も持てないので、当然のことではあります。しかし、天球上の惑星の複雑な動きに疑問を持てば、これから脱出することは可能だったはずです。その疑問を押さえ込んだのは、「人間は宇宙の中心にいなければならない」という、より**根源的な思いこみ**です。

誤った思いこみのために経済の理解に関して大きな誤解が生じていることもあります。例えば、「市場経済では何でも許される」と考えている人が多くいます。しかし、市場経済は、強い倫理観とルール遵守の精神がなければ成立しません。市場経済を実現できる国は、現在でも世界にそう多くないのです。

あるいは、「企業を合併して大きくすれば強くなる」と信じている人も多くいます。こうした思いこみは、日本の経済界ではいまだに健在です。しかし、「大きいものが強い」

とは、戦艦大和の思想そのものです。それから80年近くを経たにもかかわらず、日本人は大きさへの信頼から抜け出せないからです。

「思いこみ」や「先入観」に囚われている人は、知らず知らずのうちに、発想から遠ざかります。意識しないでそうなってしまうのが、恐ろしいところです。

ポイント **注意深い観察を怠り、十分な知識を持たない人は、思いこみに囚われやすい。**

●単純分類を信じるな

思いこみが生じる基本的な理由は、「モデル」が誤っていることにあります。ここで「モデル」とは、物事を理解するための枠組みです（第2章の3参照）。右にあげた「宣教師名説」「天動説」などが、その例です。これらは誤ったモデルであり、正しいモデルは、それぞれ「発見日」「地動説」なのです。

モデルの1つとして、「分類」があります。適切な分類は、世の中を理解するための強力な道具となります。しかし、誤った分類を信じ込み、それですべてを律しようとすれば、「思いこみ」に陥ります。

誤った分類の典型として、「**文系、理系**」があります。ここから、「文系だから数学が分からなくて当然」「文系だからPCは使えない」「理系だから英語が下手」「理系だから人を使うのは不得意」等々の「思いこみ」が生じます（これらすべてにおいて、結論がネガティブなものであることに注意。つまり、これは、言い訳のための論理です）。

ポイント　**誤った分類を信じ込むことも、思いこみの一種。**

BOX

思いこみ分類人のインタビューを受けると……

私は日本の縦社会を横に動いてきたので、単純分類型思いこみ思想からみると、理解不能人に思われるようです。このモデルを信じている人々のインタビューを受けたり、人物紹介をされたりすると、閉口します。いくつかの例を挙げましょう。

(1)「工学部出身で大蔵省（現財務省）とは、ユニークな経歴ですね」

この人のモデル：大蔵省に入省するのは法学部出身者。

私の主張：工学部での教育はわずか2年間。私はそれからあと60年近く生きています。どうして60分の2にそれほどこだわるのでしょう？

(2)「大蔵省出身なのに、柔軟な発想ができるのですね」

この人のモデル：大蔵省の人間はすべて石頭。

私の主張：あなたの考えのほうがよっぽど硬直的なのだが……。

(3)「さまざまな公職でご活躍なようですね」

この人のモデル：民間企業で働くだけでは駄目で、偉くなるには審議会委員をやる必要がある。

私の主張：こうした思いこみが、官尊民卑を生んでいる。

(4)「整理法の権威のはずなのに、研究室はあまり片付いていませんね」

この人のモデル：整理法はすべてを整理する万能の方法であるべし。

私の主張：超整理法が対象とするのは書類だけ。本の中で「部屋は片付かない」と念を押しておいたはずだが……。

●ひとりよがりと偽りの独創性

「ひとりよがり」は、「誤ったモデルを信じ込んでいる」という点で、思いこみに似ています。ただし、その「誤り」は、思いこみの場合ほど単純なものではありません。通常は、知的水準の高い人々が陥る誤りです。自分では発想をしているつもりになっているから、始末におえません。

しかし、実は、こうした態度は発想の敵なのです。なぜなら、結論が誤っているからです。反証を見せられても、容易に信念を変えることはないでしょう。

これは多くの場合、勉強不足や情報の不足から生じます。偽りの独創性は、これからもたらされることが多くあります。あるいは、聞きかじりをきっかけに、自分自身で勝手に発展させたものです。ゲームの理論や複雑系といった概念をふり回されると、門外漢には専門家のように見えるので困ります。自分の主張や「大発見」を、「学界は認めない」という被害妄想に凝り固まって、熱心に書いている人もいます。堂々と出版されていることさえあります。こうしたものを見るにつけ、編集者はもう少し鑑識眼を養ってほしいと思います。

「ビッグバン理論は誤りだ」というレベルの「大発見」となると、通常人には真偽を判定しにくいものです。「常温核融合」のように、いまだに真偽がはっきりしない「大発見」もあります。

ポイント ひとりよがりや偽りの独創性は、勉強不足や情報の不足から生じる。

BOX

インタビュー取りまとめに際してのお願い

インタビューで苦労するのは、それをまとめた原稿に登場するおかしな表現です（多くは業界用語）。1時間のインタビューの原稿を直すのに、2時間以上かかってしまうこともあります。これなら最初から自分で書いたほうがよっぽど早かったのに、と思います。

そこで、あるときから、禁句集を作って手渡すことにしました。もちろん、「禁句」とは書いてありません。「インタビュー取りまとめに際してのお願い」です。そのリストには、「共生、達人、すぐれもの、さらなる、ふれあい、生きざま」などの言葉が並んでいます。

3 発想から逃げる人々

●自信の欠如

発想という知的活動から**逃げよう**とする人も多くいます。こうした人々は、前に述べた人々のように新しいものを拒否しようというわけではありません。しかし、積極的な行動を起こそうとしないのです。

その第一の原因は、**自信の欠如**です。「自分には、発想や創造などはできない。なぜなら、その能力がないから。また、これまで成功したことがないから」という考えです。

こうした「**言い訳**」を自分自身に言い聞かせて、最初から挑戦しようとしません。あきらめに終始し、そして万事に消極的です。万一アイディアが浮かんだとしても、それを外に出そうとはしません。失敗や批判で傷つくのが怖いからです。こうして、自分では意識しないままに、**殻に閉じこもり**ます。

こうした人たちからは、現状を変える力は決して生まれません。挑戦しなければ、結果が得られないのは当然のことです。結果が得られないから、ますます消極的になります。

悪循環に陥るのです。

もっとも、多くの人が発想から逃げようとする大きな原因は、「発想は独創」という**思いこみ**があるためです。しかし、すでに述べてきたように、発想や創造は、決して一部の人たちの独占物ではありません。どんな人でもなしうることなのです。「必ずできる」という自信を持つことが重要です。そして、悪循環を好循環に変えましょう。こうした意味での自信は、先に述べた傲慢さとは別のものです。

ポイント **自信のなさから、発想に挑戦しようとしない人がいる。「発想は独創」という思いこみが原因になっている場合が多い。**

●「そこそこ」の満足とマンネリズム

「そこそこ」という表現があります。これは、**小市民的満足感**の表明です。社会全体がある程度の豊かさを実現すると、「社会の片隅でそこそこの生活ができれば、それ以上のものを望まない」という考えに陥ってしまう人が多くなります。

こうした人々をアイディアの創造活動に引っ張り出すのは、大変です。満足しているのですから、動こうとしないのです。

満足したら、意欲はなくなります。困らなければ、改革のインセンティブは生じません。強い意欲がなければ、発想はできないのです。

「どこで満足するか？」は、つねに相対的な判断です。プロシア国王は、鉄道が成功しないだろうと予言し、その理由として、「ベルリンからポツダム（ベルリンの隣の町）まで、1日あれば自分の馬に乗ってただで行けるのだから、1時間で行けるからといって金を支払うものなどいない」と述べました*。

日本が将来に向かって最も憂慮すべきことは、若い世代が「そこそこの生活」に満足して、ハングリー精神を失うことです。これは、現実に生じつつある危険です。子供のときには、欲しいものは何でも親が買ってくれた。受験の際には、偏差値を見て確実に入れる学校を選択した……云々です。

これと似たものに、「**マンネリズム**」があります。これは、今日が昨日と全く同じであることに何の疑問も抱かず、何の不満も抱かないことです。あらゆることに無関心で、あらゆることを無批判に受け入れます。

マンネリムードは、服装や態度に現れます。事務室をスリッパで歩き回り、食事の後に爪楊枝をくわえる。くたびれた服装に平気で、だらしない姿勢に無頓着。こうした無気力状態に落ち込むと、マンネリの悪循環に陥ります。十年一日のごとく、ただ職場に出勤し、定時に帰宅するだけです。

マンネリムードは伝染するから怖いのです。あなたの周囲にマンネリズムの悪循環に陥っている人がいたら、要注意です。

ポイント 小市民的満足やマンネリズムに陥ると、発想の意欲がなくなる。

——＊M・マハルコ（齊藤勇監訳）『アイデアのおもちゃ箱』、ダイヤモンド社、1997年。

4 アイディアを殺す組織

●大組織に蔓延する官僚病

個人がいかに創造的であっても、属する**組織**が反発想症に冒されていると、能力は発揮されないままに終わります。新しいものを拒否する組織に長くいれば、やがて生気を吸い取られるでしょう。

その典型は、**官僚組織**です。**先例主義**、新しい試みの拒否、**形式主義**が蔓延する環境は、発想には最悪の環境です。

かつて役所で仕事をしていたときのこと、決裁を取りに行ったら、「局長の考えをまず聞いて来い」といわれたことがありました。局長がイエスならイエスだというわけです。

ただし、公務員がすべてこの病に冒されているかといえば、必ずしもそうではありません。私の観察では、官僚病患者は、中央官庁より地方や関連組織に多く見られます。そして、幹部職員よりは下級職員に多く見られます。また、日本の大企業の多く（とくに伝統的な産業の企業）は、**官庁より官僚的**です。

こうした組織が、創造的な日本人の潜在力をなんと無駄にしていることか。これらのエネルギーが解放されたら、日本は大きく変わるでしょう。問題は、個人の能力でなく、それを殺してしまう社会制度なのです。

組織の指導者や経営者の最も重要な仕事は、組織をこのような病から守ることです。

ポイント　**先例主義や形式主義に毒されている官僚組織は、発想には最悪の環境。**

●先例主義と横並び主義

多くの大組織において、意思決定は、**先例主義と横並び主義**にしたがって行なわれます。

案件は、**先例**があれば、問題なく通ります。先例が認められたときから条件がいかに変化していても、そうです。その代わり、新しい案件は認められません。このようにして、新しいアイディアは葬られます。そして、慣性と惰性が支配するようになります。

もちろん、すべてをゼロベースで変えてゆくのは難しいでしょう。人間の判断能力には限界があるので、変化が限界的になるのは、やむをえない面もあります*。しかし、問題は、そもそも変化への意欲があるかどうかなのです。

「**横並び**」も強力な基準です。同業者も同じなら、安心して同じことをします。記者クラブの発表をそのまま流す日本の大新聞は、どれを読んでも大差がありません。

変化がある段階に達すると、「**なだれ現象**」が生じて、あらゆる新聞と雑誌が一斉になびきます。これも、横並びの一形態です。

ポイント 大組織の意思決定の基準となっている先例主義と横並び主義は、変化への意欲の欠如を示す。

＊　ハーバート・サイモンらは、人間の判断能力の限界（Bounded rationality）を重視し、これをもととして組織の行動を理解しようとしました。

●失敗が許されない組織

日本の官庁では、**失敗や判断ミス**はありえないことになっています。ですから、「とりあえず試行して、結果を見る。駄目なら修正する」という行動方式がとれないのです。

こうした環境では、試行錯誤はできず、**絶対確実**なことしかやりません。「出る杭《くい》は打たれる」ので、保身が最重要の行動原理となります。そうなれば、進歩もありえません。

こうなったのは、官僚組織の側の責任だけでありません。ジャーナリズムや政治の影響でもあります。

アメリカでは、新しく生まれる**ベンチャー企業**の8割は失敗するといわれます。しかし、再挑戦が可能です。成功したベンチャー企業の多くは、3度目の挑戦だったといわれます。

日本で組織を活性化しようとすれば、まず、**敗者復活**を認める必要があります。これは、**組織のトップ**の最も重要な責任です。

また、実験や試行錯誤を許し、一定の条件の下で失敗を許す必要があります。少なくとも、小さな失敗には寛容であるべきです。官僚組織とは、小さな失敗を認めないために、知らぬうちに大きな失敗を犯す組織なのです。それができなければ、組織は**自律運動**を始めます。そして、誰もそれを制御することができなくなります。

日本の大組織のほとんどは、高度成長期が終わり石油ショックへの対応が成功した後、**自律運動**に入りました。世界が変わり、技術が変わったにもかかわらず、自律運動の上に惰眠をむさぼりました。平成の30年間、日本は眠り続けました。これが、１９９０年代以降、現在に至るまで続いている日本経済停滞の基本原因です。

ポイント **失敗が許されない組織では、試行錯誤ができない。こうした組織は自律運動を始める。**

●官庁より硬直的な大学

大学や研究所は、本来は発想と創造のための組織です。それらの組織が実際にその責務を果たしているかといえば、大いに疑問があります。大蔵省と大学という2つの世界を経験した私の印象からいうと、発想に対する柔軟性は、むしろ大学で弱かったといえます。

世間一般の常識からいえば、大蔵省は、保守主義・官僚主義の牙城のようなところでしょう。確かに、官僚意識に凝り固まった人もいました。しかし、全員がそうかといえば、決してそんなことはありませんでした。私の上司になった人たちの多くは、柔軟な発想の持ち主だったのです。

大学に移ったとき、硬直的な思考の人が多いのに驚きました。権威主義、事大主義、形式主義、先例主義は、むしろ大学で蔓延していた病でした。とくに、人文社会科学系の学部で、それが顕著です。

こうした組織での教授会の議論は、建前主義の見本のようなものです。「学問の自由のために」「学者の使命を果たすため」などという正論が述べられます。しかし、実態は、それと大きく異なります。形式と実態の乖離がかくも激しい組織は、他にないでしょう。

ポイント　**権威主義、事大主義、形式主義、先例主義は、官庁より大学において蔓延している。**

●明治時代から変わらぬ大学学部

「学問の自由のために」という論理がまかり通れば、社会の要請に応えて学部構成を変えることは不可能になります。高度成長時代なら新しい部門を拡張することで対応ができましたが、低成長時代には、古くなった学部を廃止することはできません。そうすることは、学問の自由の侵害ということになります。

こうして、無限の再生産過程が繰り返されます。このため、いまに至るまで明治時代の学部が残っています。**日本の大学**の学部構成は、明治時代の産業構造に即したものなのです。その半面で、新しい分野はなかなか認められません。例えば、コンピュータ・サイエンス学部は、日本の多くの国立大学に存在しません。ソフトが弱いのは日本全体の特徴ですが、大学の状況は想像を絶します。

かつて私が属した東京大学先端経済工学研究センター（現東京大学先端科学技術研究センター）は、国立大学の中では例外的に、こうした病に冒されていない部局でした。ここに職を得られたのは、誠に幸いなことでした。

ポイント　日本の大学の学部構成は、明治時代の産業構造に対応したものから変わっていない。

第6章のまとめ

1. **発想を拒否**する態度として、**権威主義**、**事大主義**、異質なものや新しいものへの敵愾心を挙げることができます。思いこみやひとりよがりも、発想の敵です。

2. **自信の欠如**や現状への**小市民的満足感**のために、発想から逃げる人々も多く見られます。

3. **先例主義**、**形式主義**、**横並び主義**に毒され、失敗が許されない官僚組織は、発想には最悪の環境です。日本の大学は、企業や官庁より硬直的です。

発想力トレーニング(6)　ピンチ脱出法

自宅の鍵を会社の机に忘れてきてしまいました。帰宅したら、家人は外出中。

こうした事態に直面したとき、どうすればピンチを脱出できるか、考えを巡らせてみましょう。過去に実際に経験した失敗のケースでもよいですし、あるいは、全く仮想的なケースでもよいでしょう。例えば、つぎのケースでは、どうしたらよいでしょう？

タクシーに乗って暫く走った後で、財布を持ち合わせていないことに気がついた。外国の最初に泊まったホテルで、部屋に荷物を運んでくれたポーターにチップを渡そうとしたら、通貨の両替がまだだった。今晩中に仕上げなければならない仕事の資料を、会社に置き忘れてきてしまった。キーを車内に置いたまま、車のドアをロックしてしまった。等々。

どの場合にも、通常使っている手段が使えないので、代わりの手段が要求されるわけです。そのために、どんな手段を思いつくか？「必要は発明の母」ですから、こうした思考実験は、発想の訓練になるでしょう。ひょっとすると、新製品を発明できるかもしれません。

あるいは、「こうした事故を絶対に起こさないためにはどうするか?」を考えてもよいでしょう。実際には、こちらのほうが役に立つでしょう。「鍵や現金を絶対に忘れない方法」を考案できれば、ひょっとすると「ビジネス特許」になるかもしれません。

第7章

間違った発想法

それにしたがえば発想が自然に湧いてくるという「発想法」は、本当に役立つのでしょうか？　本章では、機械的・マニュアル的な発想法に対して、批判的な意見を述べます。

1 マニュアル的発想法

●氾濫する発想法

書店の棚には、「**発想法**」や「発想術」というタイトルの本が何冊も並んでいます。手許にある何冊かの本で提唱されている「発想法」を列挙してみると、つぎのような具合です。

連想法、刺激語法、連想ゲーム法、イメージ・カタログ法。
シネクティクス、KJ法、NM法。
マトリックス法、プロセス分析、多角化分析法、パレート図。
ツリー構造法、関連樹木法、系統樹木法、形態分析法。
フローチャート、チェックリスト法。

まず、これらがどのようなものなのかを概観しておきましょう。すべてを取り上げることはできないので、いくつかのものだけを取り上げることにします。

カタログ法は、通信販売のカタログをぱらぱらとめくって浮かぶ連想から発想します。刺激語法は、「逆の立場から考えよ」などのアドバイスがあらかじめ書かれたカードをランダムに選び、その指示にしたがって発想します。シネクティクスは、一見関係がないが本質的に似たものを探し、それをヒントに発想します。チェックリスト法は、ある対象を取り上げて、「他の使い道はないか?」「逆にしたら?」などの項目でチェックします。

このような簡単な説明からも分かるとおり、ここで述べられている方法の基本は、多くの人が**無意識のうち**に、あるいは部分的に行なっていることです。そうした方法の手順を**定型的なルール**として書き出したことが、これらの方法の特徴です。そのルールにしたがって発想を進めるという意味で、「**マニュアル的発想法**」と呼ぶことができます。

こうしたマニュアルは、一見していかにも強力な方法のように思えます。「それを習得すれば素晴らしいアイディアが出てくる」といわれれば、誰でも飛びつきたくなります。

しかし、これらは、本当に役に立つのでしょうか?

ポイント 「発想法」といわれているものは、われわれが日常的に行なっていることを、定型的なルールとして明示し、マニュアル化したもの。

●成功例を見たことがない

最初に結論を述べれば、私は、マニュアル的発想法に頼ろうと思ったことはありません。その理由は非常に簡単です。これらを使って優れた発想が生まれたという**実例を、知らない**からです。

私の**先生方**、先輩・同僚たちの中に、優れた業績を上げた人たちが多数います。しかし、こうしたマニュアルを使っている人を見たことがないのです。

また、発見や発明の**歴史**を読んでも、カードを並べ替えて新しい着想に導かれたなどという話を聞いたことがありません。* 新しいビジネスモデルの発想についても、こうした手法の活用結果として生まれたという報告がありません。

The proof of the pudding is in the eating. といいます。「プディングが本当においしいかどうかは、食べてみないと分からない」という意味です。実際の**成功例**が示されないと、その方法を使う気にはなれないのです。

逆に、こうした方法に依存しないで生まれた優れた業績は、いくらでも挙げることができます。これは、**マニュアル的発想法に依存しなくても発想はできる**ということの明白な証拠です。このような理由で、私は、マニュアル的発想法には最初から興味が湧きません。
ところで、こうした方法を疑問視する理由は、他にもあります。すでに述べた発想のメカニズムを考えると、**本質的な点で問題がある**と考えられるからです。それらについて、以下に述べましょう。

ポイント　**マニュアル的発想法で素晴らしいアイディアが生まれたという実例を知らないから、こうした方法に依存する気になれない。**

ドミトリ・メンデレーエフ

＊　私が知っている唯一の例外は、周期律表の発見です。ロシアの科学者**ドミトリ・メンデレーエフ**は、元素の原子量や原子価などを書いたカードを並べ替えているうちに、規則性があることを発見しました。

2 マニュアル的発想法のどこが問題か

●ルールに縛られては発想できない

すでに述べたように、これらの発想法の特徴は、「**マニュアル化**」にあります。つまり、発想を一定のルールにしたがう**定型的な方法**で実行しようとするのです。私がまず疑問に思うのは、「なぜ**ルール**に縛られなければならないのか？」という点です。

水泳の場合には、平泳ぎやクロールなどの泳法があり、各々には決まった手足の動かし方があります。したがって、最初にそれを習う必要があります。「**自己流**でやると、妙な癖がついてしまって駄目だ」というのは、そのとおりです。では、発想についても、同じことがいえるでしょうか？

私は、否定的です。例えば、ブレインストーミングは、とくにその必要性を指摘されなくても、多くの人が普通にやっています。

マニュアル的発想法は、これにいくつかのルールを決めています。その第一原則は、「他人のアイディアを**批判するな**」ということです。確かに、批判の応酬では建設的にならないでしょう。しかし、その程度のことは、常識として誰でも心得ています。問題は、それをルール化し、金科玉条とすることに意味があるかどうかです。さらに、どんなに馬鹿げたアイディアでも「批判してはならない」と固執するのは、おかしいのではないでしょうか？

カードなどの外部的・**物理的な手段**に頼ることはどうでしょうか？　もし、発想がすでに述べたようなメカニズムで行なわれるとすれば、こうした方法への依存は、**発想を阻害**することになりかねません。これは、本質的に重要なことなので、ＫＪ法を例にとって、後でもう一度詳述することにします。

しかも、こうした方法が提案するさまざまなルールや手続きは、なかなか**記憶に常駐しません**。ルールを意識していると、そちらに気をとられて、かえって自由な発想ができなくなります。

これは、**ワーキング・メモリー**が「ルール」の記憶に**占拠**され、肝心の発想そのものに回せる部分が少なくなってしまうためでしょう。ポアンカレがいうように発想の基本が潜在意識の活動であるなら、これは重大な問題です。

また、視点を変えよとか、マトリックスを使えというようなノウハウは、すぐに忘れてしまいます。ルールや手続きが沢山あることが問題なのかもしれません。3つ以上のルールをつねに記憶にとどめるのは、難しいのです。

「定型的なルールを覚え、それにしたがわなければならないのだとすると、発想とは何と面倒で退屈な作業だろう」と、私は感じます。発想は、頭の中での能動的活動です。それは精神の自由な活動であり、手続きで縛られるようなものではないはずです。自由であるべき発想を、定型的な方法に閉じ込め、一定の手続きで行なわれなければならないというのは、本質的なところで誤っています。ましてや、「ルールにしたがえばアイディアが自然に出てくる」と期待するのは、大きな間違いです。

ポイント 本来は自由な精神活動であるべき発想を、定型的な手続きで行なおうとするのは、本質的なところでおかしい。また、方法論にこだわると、本来の発想作業が妨げられることもある。

●必要な知識なしに発想できるか?

マニュアル的発想法は、ルールや手続きにこだわる半面で、「必要な**知識の詰め込み作**

業（勉強）」を**軽視**しています。

すでに述べたように、必要なデータを詰め込んで**待ち構えていれば**、ヒントはやってきます。

しかも、きっかけは何でもよいのです。新聞記事や、散歩で眺める町の様子が新製品のヒントになることもあるでしょう。重要なのは、ヒントではなく、情報や知識を詰め込んで待ち構えていることなのです。パスツールがいったように、「**チャンスは心構えのある者を好む**」のです。そうした準備なしにカタログをめくったりカードを並べ替えたりしても、有用なアイディアが出てくるとは、到底思えません。

もし企業が発想の社員研修をやるのなら、マニュアル的発想法を教えるのでなく、その分野で必要とされる基礎知識やケースの実例を教えるべきです。例えば、新事業を企画するなら、数多くの成功したビジネスのケースを収集して分析すべきです。第2章の2で「**模倣は創造の出発点**」と述べましたが、発想の方法も模倣すべき対象なのです。

「方法を模倣する」というのは、実際に行なわれていることでもあります。**ケース・メソッド**は、ビジネススクールでの中心的な教育法です。また、多くの学問で教えているのは、模倣の対象とすべき過去のモデルです。

もし、私が企業の従業員で、マニュアル的発想法のために3泊4日の「発想法研修」などに連れていかれそうになったら、私は抵抗するでしょう。そして、もし研修するならその分野の知識を教えてほしいと要請します。もし研修担当者がそれを理解してくれないのなら、私は、そのような会社はホープレスだと判断して、見切りをつけるでしょう。

ポイント **発想に必要なのは、そのための必要情報を頭に詰め込むこと。そうして待ち構えていれば、ヒントは自ずとやってくる。**

●「あと知恵」としての発想法も多い

第三に注意すべきは、「発想法」といわれるものの多くは、実は「あと知恵」だということです。それらは、発想を生み出すための事前の方法論としては、必ずしも機能しません。

例えば、失敗が成功につながるケースがあります。第2章の5で述べたポストイットやテフロンがその例として挙げられます。

しかし、こうしたアドバイスは、現実に有効でしょうか？　人間は、失敗した場合には、何とか成功させようと努力するものです。最初から失敗作の使いみちを考えたりはしないのが普通です。実際、つぎからつぎへと開発戦略を転換しては、いつになっても何も生まれないでしょう。

ポストイットやテフロンは、ごく例外的なものだといえるでしょう。失敗が成功をもたらすケースが稀にあるのは事実としても、頻繁にあるとは思えないのです。ですから、失敗例が発想法として役立つかといえば、大いに疑問です。

もちろん、失敗事例の研究は必要です。例えば、インターネットで一時注目された「プッシュ技術」(PCを使っていないときに自動的にニュースなどを画面に流す方式)は、登場当時注目を集めたにもかかわらず、普及しませんでした。それはなぜでしょうか？　新しいビジネスを開発しようと思えば、ここから教訓を学ぶことが必要です。

一般に、われわれは失敗の経験から、多くのことを学ぶことができます。しかし、それにもかかわらず、その知見が直ちに発想に役立つかどうかは、やはり疑問なのです。

ポイント　**「失敗例に学べ」といった類のアドバイスは、「あと知恵」であり、発想を生み出すための事前の方法論としては機能しないことが多い。**

●「汎用的発想法」は錬金術

私がマニュアル的発想法を信用しないもう1つの理由は、「具体的な**対象と独立した汎用的発想法**というものは考えにくい」ということです。

第2章の1で述べたように、われわれは、数学などの授業で、すでに発想法（**ものの考え方**）を学んでいます。しかし、そこでは、発想の方法だけを取り出して習ったわけではありません。**具体的な問題に則して、**その解決法を学習したのです。一般に、「どの問題にどの方法を適用すべきか」といった判断は、実際の問題に即して習得するほかはないのです。

どんなことでもそうですが、「解があるか？」が大問題なのです。学校の試験問題では必ず解がありますが、現実の問題には解がないものもあります。その典型例は、錬金術や永久機関です。これらが実現できれば素晴らしいことは間違いありません。しかし、実現できないのです。「汎用的発想法」というのも、錬金術や永久機関のようなものです。

ポイント　われわれは、数学などの授業で「発想法」を学んでいる。しかし、それらは、具体的な問題に則しての解決法だ。具体的な対象と独立した「汎用的発想法」というものは、考えにくい。

3 カードを用いた発想法は役に立つか

●頭の中でやるべき作業をカードに書く?

暫く前に、「発想法」でしばしば言及されたのが、「**KJ法**」です。これは、カードの並べ替えで発想しようというものです。具体的には、つぎのとおりです*。

数人の会議での意見をまとめる場合には、まず、参加者が主題に関する事実報告や見解などを**できるだけ吐き出す**。その発言のエッセンスを、記録係が名刺大のカードに記録する。こうしてできた数百枚のカードを、カルタとりのように広げる。内容的に近いと思われるカードをまとめる。その小グループの内容を新しいカードに書き出す。小グループをまとめて中グループを作り、さらに大グループを作る。これを材料として、図解を作ったり、文章を書いたりしてゆく。

以上は、数名の共同作業ですが、これらの手続きを1人だけで行なうことも想定されています。

だいぶ前に、私もこの手続きを試みたことがあります。ただし、すぐにやめてしまいました。私の感想は、「**無駄な組み合わせを試みても意味がない**」ということでした。

そして、「これは、頭の中でやっていることであり、カードに書き出すというような面倒なことをする必要はない」と、すぐに分かりました。私は1人だけでやろうとしたのですが、もしこれを集団でやれば、想像を絶する混乱状態に陥るだろうとも思いました。

立花隆氏は、KJ法について、つぎのようにかなり厳しい批判的意見を述べています。[*2]

KJ法の原理は非常に重要なことだということは分かっていた。しかし、それは、（中略）昔から多くの人が頭の中では実践してきたことなのである。（中略）KJ法のユニークなところは、これまでは個々人の頭の中で進められていた意識内のプロセスを意識の外に出して、一種の物理的操作に変えてしまったことにある。

（中略）

これが利点となるのは、頭が鈍い人が集団で考えるときだけだ。（中略）普通以上の頭の人が一人で考える場合には、これらの特徴は欠点となる。（中略）意識の中で行われる無形の作業を物理的作業に置きかえると、能率がガタ落ちする。
（中略）
考えるというような複雑かつ高度な精神活動を多数の人が歩調を合わせてやるなどということが、スムーズにいくわけがない。皆で足を引っぱりあう結果に終ることは必定である。（中略）本来個人的になされるべき作業を集団化すれば、デメリットが出てくるにきまっている。

私は、この批判に基本的に賛成です。

ポイント　ＫＪ法は、カードの並べ替えで発想しようというもの。しかし、頭の中でやっていることをわざわざ面倒な手続きにする必要はない。

＊　川喜田二郎『発想法』、中公新書１３６、１９６７年。
＊２　立花隆『「知」のソフトウェア』、講談社現代新書７２２、１９８４年。

●思考の断片を書き出すと能率が下がる

川喜田二郎氏は、ＫＪ法を提唱する『発想法』の中で、「相互に比べることのできない異質の一組のデータから、いかにして意味のある結合を発見することができるか」が発想のポイントであるとしています。全くそのとおりです。

あるいは、「ＫＪ法と同じ手続きがポアンカレの頭の中でも進行していたのではないかと思う」とも述べています。これもそのとおりです。すでに述べたように、発想とは、そのような精神活動なのです。

問題は、「その作業を、**頭の中**で行なうか、それとも**カード**に書き出して行なうか」ということなのです。川喜田氏も、「(ＫＪ法は) 自分の頭のどこかでやっている思考の努力のコピイである。ただそれを、頭の中だけでなく、かなりな部分を外に取り出してやっているだけである」と規定しています。

思考は、最終的には文章、図、数式などの形で顕現化されます。ですから、どこかの段階で、形のあるものとして外部化されなければならないのは事実です。問題は、「どの段階で外部化するか」なのです。

ＫＪ法は、これを素材の段階（あるいはそれに近い段階）で行なっています。つまり、まとまりのない思考の断片を書き出し、それらの関連付けを物理的な作業として行なおうとしています。そのことを川喜田氏は、「**データをして語らしめる**」と述べています。しかし、まさにこの点こそが問題なのです。

第1章で述べたように、優れた創造活動では、**組み合わせのすべて**を機械的に点検するのではなく、無意味なものを最初から排除します。そこで引用したポアンカレが言うように、可能な組み合わせの総数は限りなく、しかも、その大多数は無意味なものです。「発見が選択である」というのは、多数の見本を出されて、1つひとつ検査して選び出すことではなく、無益な組み合わせを除外したり、「かかる組み合わせをつくるが如き労を費やさない」ことなのです。

KJ法は、こうした**直観力を排し**、可能な組み合わせを機械的に点検しようとします。しかし、「こんな組み合わせを試みてもしようがないのだがなあ」と考えながらKJ法のルールにしたがわねばならないというのでは、滑稽以外の何物でもないでしょう。

しかも、第1章で述べたように、「**無意味なものを排除する**」ための第一次的な作業は、無意識の中で行なわれます。そうでなければ、とても多数の組み合わせを試みることはできません（この作業を意識的な作業にしてしまうと、能率が落ちるのです。立花氏の批判が指摘するとおりです）。

コンピュータにたとえれば、ＫＪ法は、いちいち外部メモリーと情報交換するようなものです。したがって、スピードが著しく遅くなります。発想のためのデータは、ワーキング・メモリーになければならないのです。そして、高速の情報処理をやらないと駄目なのです。

このように、「普通の人は頭の中でやっている作業を、なぜわざわざカードに書く必要があるか？」という点が、ＫＪ法に対する最大の疑問です。川喜田氏は、「（ＫＪ法は）発想的情報処理を外の世界に客観的に一部ずつ投射し、アタマの過重負担をさける」のだとしています。確かに、ある段階以降になれば、思考を頭の中に置いておくより、文章などの外部形態にするほうが「アタマの過重負担をさける」のに役立ちます。しかし、ＫＪ法は、これをあまりに初期の段階（断片的な思考間の関係がつけられていない段階）で行なおうとしています。それが問題なのです。

『発想法』では、「潜在的自我は意識的自我よりすぐれているのではないであろうか（というポアンカレの主張）は、ＫＪ法の行使となんら矛盾するものではない。かえって、その行使の妥当性を裏付ける解釈とさえいえよう」と述べられています。この説明は、とても説得力があるとは思えません。ＫＪ法は、明らかにポアンカレの所論の対極にあります。*

ポイント **思考は、どこかの段階で外部化する必要がある。しかし、ＫＪ法はそれをあまりに初期の段階で行なおうとするために、発想の能率を低下させている。**

＊　川喜田二郎氏は、「基礎的な形の訓練をしないと悪癖がつく」から、「正則な形の訓練が必要」であると強調しています。ここで「正則な訓練」というのは、氏が主催する研修機関での研修のことです。そこで、「ＫＪ法の腕前」に応じて段階を与えるのだと言います。ここまでくると、「奇々怪々」と表現する他はありません。舞踊やスポーツ、あるいは花道や茶道なら、身ごなしなどを学ぶ必要があるので、実地訓練が必要だというのは分かります。しかし、本来は精神的な活動であるはずの「発想」という知的活動に関して、本を読むだけでは不十分というのは、なぜでしょうか？

●メモの集積とどこが違うか

われわれはしばしば、ＫＪ法と外見上は非常に類似した作業を行ないます。例えば、論文や本を書いている途中で、思いついたことの**メモ**を取ります。これらの並べ替えもします。これは、一見して、ＫＪ法と同じ作業のように見えます（デジタル情報を扱っていると、もっと似た作業に見えます）。

しかし、これらには、重要な違いがあります。メモを取っている場合には、それらの間の論理関係は、すでに頭の中にあるのです。ＫＪ法のように「書き出してから関係をつける」のではありません。

実際、メモをそのままに放置して暫くたつと、どういうコンテクストで書いたのか、自分でも忘れてしまうことがあります。書いたときには当然と思っていた論理関係を忘れたために、メモを前にして呆然としてしまうのです。

ＫＪ法の過程で、論理的に関連付けられていない何百枚ものカードを前にすれば、多分同じような感覚に襲われるでしょう。これらを関連付けよ、といわれても呆然とするばかりです。

ポイント　われわれは、ＫＪ法と外見上似た作業をすることがある。しかし、ＫＪ法のように、論理的関係がつけられていない思考の断片をメモしているわけではない。

●KJ法にこだわっては科学の進歩はない

より本質的な問題は、「日常的な観察、見かけ上の関係、あるいは表面上の類似性などに囚われては、**真の関係は見ぬけない**」ということです。

例えば、地動説は、日常的な直観や観察には全く反する考えです。地面が動いているなどとは、誰も感知できないからです。ですから、飛躍的な洞察がなければ、人類は天動説から抜け出すことはできなかったでしょう。

あるいは、「物体の落下速度は重さに関係がない」「物体に力が加わらなければ等速運動する」というガリレオの洞察も、日常的観察からは決して導けません。これらの洞察こそ、近代科学の出発点です。もし人類がKJ法的な方法にこだわっており、「**データをして語らしめる**」という方法論から抜け出せなかったら、**近代科学は生まれなかったでしょう。**

科学上の進歩は、一見して全く無関係な要素の組み合わせから生じることもあります。例えば、オプションという金融商品の価格決定理論には、物理学の熱伝導方程式が応用されました。これが発見できたのは、価格の挙動が微分方程式という抽象的なレベルで記述されたからです。このような発見も、KJ法的な方法では決して得られないものです。

ここで述べたのは、「**モデル**」という概念との関連で、第2章の3で述べたことです。

ポイント　見かけ上の関係にこだわっていては、近代科学は生まれなかっただろう。また多くの科学的発見は、抽象的なレベルのモデルから生じている。

4　マニュアル的発想法が役立つ分野

●落穂拾いには有効

「一定の手順にしたがって発想すべし」という「**マニュアル的発想法**」に対する**批判**を行ないました。とりわけ、カードのような外部的手段に依存する方法の問題点を指摘しました。

ただし、つぎの点に注意しておく必要があります。

第一は、これらの方法が想定している**発想の方法自体が誤りだというわけではない**ことです。

すでに述べたとおり、関連付けを考えたり、マトリックスで考えたりという方法は、部分的には、あるいは無意識的には、われわれが日常的に行なっていることなのです。問題は、それを**定式化し、ルール化**することです。そして、ルール化された手続きに固執することであり、「そのルールにしたがえば**自動的に発想**できる」と依存してしまうことです。

第二に、これらの方法が「どんな場合にも全く役に立たない」というわけではありません。例えば、直観力に頼るというポアンカレ的な方法では、ある可能性を見落としてしまう危険がありえます。そこで、例えばマトリックスを書いて分類を行ない、隙間を埋めることは有用です。私自身、「見逃した点はないか」をチェックするために、しばしばそうしたことを行なっています。

ただし、これは「隙間」や「見落とし」の発見にすぎません。所詮、「**重箱の隅つつき**」であり、「**落穂拾い**」なのです。また、簡単な場合なら、いちいち図や表に書き出さなくとも、頭の中だけで点検することができます。事実、これは多くの人が無意識に行なっていることです。

ポイント　マニュアル的発想法の基本にある方法は、われわれが日常的に用いている。なお、「見落とし」を防ぐためには、機械的なチェックリストが役立つことはある。

●「モデルなき分野」なら働く

どのような方法が発想に有効かは、「何を発想しようとしているか」という目的によっても大きく影響されます。

機械的な組み合わせの点検は、**商品名**や**本のタイトル**を考えるとき、あるいは宣伝の**コピー**を作るときのように、比較的単純なものの発想には、役立つかもしれません。私自身、エッセイのトピックを探すために、町を歩いたり、新聞記事を眺めたり、ということはときどき行ないます。

また、仕事の内容や学問の違いによる面もあるでしょう。一般的にいえば、マトリックスでの点検のような機械的な方法が役立つのは、「モデル」が必要とされないからです。エッセイのテーマを探したり、商品名を考えたりというのは、その例です。

このことを逆からいえば、新しい理論の探求や新しいビジネスモデルの開発など、「モデル」が重要な役割を果たす分野では、機械的方法は有効に働かないことになります。

ポイント マニュアル的な方法が役立つのは、「モデル」が重要な役割を果たさない分野。

第7章のまとめ

1. 発想を一定の手続きにしたがって進めようとする「マニュアル的発想法」には、いくつかの問題があります。自由な精神活動である「発想」を、定型的な手続きに押し込めようとするのは、そもそもおかしなことです。また、基礎知識の習得を軽視し、**マニュアルだけに頼って発想しようとするのも、間違い**です。

2. カードの並べ替えで発想を行なおうとするＫＪ法は、**「無用の組み合わせは試みない」**というポアンカレの考えに反します。頭の中で行なうべき組み合わせを紙に書き出すと、発想の能率は下がります。「データをして語らしめる」というＫＪ法的な方法論にこだわっていたら、近代科学は生まれなかったでしょう。

3. マニュアル的発想法が有効なのは、**落穂拾い**であり、モデルなき分野です。

イタズラで磨く発想力(その1)

私が尊敬する故X氏は、若いときからイタズラの天才として有名でした。友人と数人で酒を飲んでいたとき、同僚のY氏宅に電話をして、「こちらは麻布電話局です」と始めたのだそうです。「明日、電話線の点検のため、圧搾空気を送ります。ゴミが飛び出すかもしれないので、電話機を厳重に包んでください」という指示に、Y氏夫人が何の疑問も抱かなかったというのは、いま考えれば不思議な気もしますが、当時は住宅用電話があまり普及していなかったからでしょう。翌日、友人とY氏宅を訪れたX氏は、電話機がしっかりと布で包まれているのを確認しました。

別のときには、「おたくの電話機は調子が悪いようなので、テストのため、鍋を叩いてください」とやりました。「よく聞こえませんね。もっと大きく」というX氏の指示にしたがって、深夜の住宅街に鍋の音が華々しく響いたそうです。

X氏はある政府系金融機関の総裁になったのですが、新任の副総裁を迎える会議のとき、副総裁が着席すると、「ブー」という異音が鳴り響きました。イタズラ布団を置いた犯人が総裁だとは、副総裁には想像できなかったでしょう。

イタズラの犠牲者は、青筋立てて怒ったりせず、イタズラで報復するのがルールです。いつ仕掛けられるかと緊張し、復讐に全智力をあげれば、発想力は研ぎ澄まされると思うのですが、どうでしょうか？

第8章

「超」発想法の基本5法則

この章では、本書でこれまで述べてきたことを「発想に関する5つの法則」としてまとめてみましょう。

1 発想に関する基本5法則

●第1法則 模倣なくして創造なし

「**発想や創造**は、これまで存在しなかったものを**新たに**生み出すことだ」というのが常識的な考えです。「**模倣を排して**創造をめざせ」という類のスローガンが、それを表わしています。

「超」発想法の基本法則は、この常識を**否定**します。何もないところに新しいアイディアが**忽然と誕生**することはないのです。インスピレーションが天から突然降ってくるというようなことはありません。

新しいアイディアは、すでに存在しているアイディアの**新しい組み合わせや組み替え**で生じます。この意味で、どんなに独創的に見えるものも、すでにあるものの**改良**なのです。*商品名やCMのコピーについて、これは明らかです。新事業や新製品の大部分も、従来から存在しているものの組み替えや変形です。

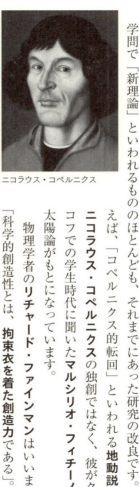

学問で「新理論」といわれるもののほとんども、それまでにあった研究の改良です。例えば、「コペルニクス的転回」といわれる**地動説**も、**ニコラウス・コペルニクス**の独創ではなく、彼がクラコフでの学生時代に聞いた**マルシリオ・フィチーノ**の太陽論がもとになっています。

マルシリオ・フィチーノ

ニコラウス・コペルニクス

物理学者の**リチャード・ファインマン**はいいます。「科学的創造性とは、**拘束衣を着た創造力**である」。物理学者の**クラウス**は言います。「物理学の進歩は『**創造的剽窃行為**』によって成し遂げられた」。

信じられぬほどの独創性を発揮した天才数学者**エヴァリスト・ガロア**も、「創造は先駆者の業績に源泉がある」といっています。ゲーテをして「誰にも真似ができない。なぜなら、人間をからかうために悪魔が作ったものだから」といわしめた**ヴォルフガング・アマデウス・モーツァルト**の音楽でさえ、その出発点は完全な模倣だったのです[*2]。

経済学の新しい理論の多くも、昔からあるもののリバイバルや再構築です。例えば、金融工学における画期的な業績である**ブラック=ショールズ**のオプション価格理論も、物理学で研究された**ブラウン運動**や熱伝導理論の応用です。

　これだけ例をあげても、この法則への反対意見があるでしょう。「真の創造とは、組み合わせなどではない。それは崇高な知的営みだ」という意見です。

　しかし、こうした考えは、人々を発想という作業から遠ざけるものです。この立場に立てば、「創造という高級な知的活動には、普通の人は近づけない」ということになります。実際、多くの人が、「発想など自分には関係ない。能力ある人々だけに許された神聖な領域だ」と考え、しりごみしてしまっています。

リチャード・ファインマン

エヴァリスト・ガロア

しかし、これは、大きな誤解なのです。発想は、一部の人だけに許された特権ではありません。これこそが、この第1法則の最も重要な意味です。

ヴォルフガング・アマデウス・モーツァルト

ポイント　発想は、すでにあるアイディアの組み替えで生じる。科学上の発見は、「創造的剽窃行為」。発想は、一部の天才の独占物ではない。

＊　J・W・ヤングも、発想に関する古典的名著『アイデアのつくり方』の中で、これと全く同じことをいっています。

＊2　ゲーテの言葉は、エッカーマン（山下肇訳）『ゲーテとの対話（上・中・下）』（岩波文庫、1968〜1969年）による。

●第2法則　アイディアの組み替えは、頭の中で行なわれる

すべての思考は頭の中で行なわれるので、これは自明の命題と思われるかもしれませ

ん。しかし、必ずしもそうではありません。

なぜなら、多くの人は、「アイディアの組み合わせは、カードや**発想マニュアル**などの外部的な補助手段の活用で生み出される」と考えているからです。そして、そのような手法が、一般に「**発想法**」だと考えられています。

「超」発想法の第2法則は、発想マニュアル的な考えを否定します。「組み合わせ」といっても、可能な数は、膨大になります。ですから、発想の過程で必要なのは、新しい組み合わせを機械的に作ったり、それらをいちいち点検したりすることではなく、むしろ多数の組み合わせのうちから無意味なものを排除することなのです。

これは、頭の中の作業です。「頭脳は、**不必要な組み合わせ**や意味のない組み合わせを自動的に排除する能力をもっている」と**ポアンカレ**はいいます。カードで組み合わせを試みれば、無意味なものをも扱わなければならなくなります。つまり、頭の中で効率的にできることを、わざわざ非効率的にしているのです。

カードや発想マニュアルなどの補助手段は、仮に役立つことがあるとしても、あくまでも補助手段であることを認識する必要があります。

それに、発想のための基本的な方法論は、すでに学校の勉強や日常生活、あるいは遊びを通じて習得しています。ですから、格別新しい発想法を学ぶ必要はないのです。そして、**方法論**ばかりを意識していては、アイディアは浮かびません。手段だけに気を取られると、肝心の発想作業がおろそかになります。この意味では、**マニュアル的発想法**にこだわるのは、発想の障害になるといえるでしょう。

ポイント　膨大な数の組み合わせから意味あるものを抜き出す作業は、頭の中でやるしかない。だから、カードや発想マニュアルなどは補助手段でしかありえない。

●第3法則　データを頭に詰め込む作業（勉強）がまず必要

頭の中に何もなければ新しいものは生まれないのですから、まずデータが頭の中に存在していなければなりません。そのためには、**材料**を仕込まなければなりません。マニュアル的な方法論にこだわるよりは、データの入力が重要です。つまり、「**勉強**」が必要なのです。アイディアは過去に学んだ**知識の組み合わせ**から生じるとすれば、知識が多い人ほど、新しい組み合わせを見出す可能性が高まるはずです。

「発想は新しいものを生み出すこと」と考える人は、この過程を軽視しがちです。しかし、勉強のないところから生まれるのは、**独善的なドグマ**でしかありません。「発想法を学べば、勉強という苦労をしないでアイディアが得られる」と思っている人もいます。しかし、これは大きな勘違いです。

旧ソ連の物理学者**A・B・ミグダル**は、著書の中で、「偽りの大発見の見分け方」をいくつか挙げています[*]。その中に、「その論文の著者は、問題となっている課題について専門教育を受けていない。同時代の科学上の著作を正確にきちんと引用しておらず、それほど事情に通じていない」という記述があります。

これは、私自身も、しばしば実感することです。「経済学のこれまでの理論はすべて誤り。それを克服する基本大原則を発見した」という類のものがあります。しかし、これらは例外なく、基礎的な勉強を怠ったことから生じるドグマなのです。そのことについては、古くから専門的な議論が行なわれているにもかかわらず、全く知らないだけです。

ポール・サミュエルソン

経済学者の**ポール・サミュエルソン**は、『経済分析の基礎』の日本語版への序文の中で、つぎのように述べています。[*2]

ヨーゼフ・シュンペーター

　当時わたくしはどの経済学の専門雑誌を購読しているかと問われたことがある。わたくしとしては全部読んでいると答えるほかはなかった。（中略）他人の研究を読まないことによってのみ独創的である人もいるが、これはしばしば見せかけの独創性であり、シュンペーターが〈主観的独創性〉と皮肉って呼んでいたところのものである。（中略）他人の業績におかまいなく、毎朝彼自身の車輪の発明にでかけるものは、自分の車を発達させるどころか、ついには虚栄心だけを発達させることになってしまう。

　第3法則の観点からすると、「**創造性教育の出発点は、詰め込み教育**でならなければならない」という結論が導かれます。これは、一般常識と大きく異なるものです。

ポイント　**発想のためには、関連の情報や知識が必要。だから、知識が多い人ほど、新しい**

組み合わせを見出す可能性が高まる。

＊　A・B・ミグダル（長田好弘訳）『理系のための独創的発想法』、東京図書、1992年。
＊2　P・サミュエルソン（佐藤隆三訳）『経済分析の基礎』、勁草書房、1967年。

●第4法則　環境が発想を左右する

知的活動は、**環境**条件によって大きく左右されます。アイディアが出やすい環境と、出にくい環境とがあるのです。

周りに**知的な人々**がおり、気楽に集まって議論できるような環境は、発想には理想的なものです。それに加えて、生活環境の中に快適な散歩道があれば、素晴らしいアイディアが誕生する確率が高くなります。つねに知的な課題に挑戦しており、必要なときにはいくらでも集中できるような仕事環境にいる人は、創造的な業績を生み出す可能性が高いでしょう。

発想が浮かびやすい**環境を作る**のは、大変重要なことです。そして、そうした環境を整えることは、努力すれば、多くの場合に可能なことです。とくに、大学や研究機関では、こうした研究環境を整えることが決定的に重要です。企業でも、アイディアの重要性が高まることを考えれば、このような環境を整えることが必要になります。

これとは逆に、**発想の妨げ**になるような環境を指摘することもできます。例えば、人との面会で朝から晩まで**予定表**が埋まっていたり、毎日こま切れの**事務案件**と格闘せねばならないようでは、新しい発想は生み出せないでしょう。あるいは、テレビ漬けの生活からも、新しい発想が生まれるとは思えません。また、個人が発想の意欲に燃えていても、**組織がそれを潰して**しまうようでは、優れた発想も現実に生かされません。このような組織に長くいると、やがて個人の発想力もしぼんでしまうでしょう。

これに限らず、われわれの周りには、発想の邪魔になる環境や要因が沢山あります。もし本当に発想が必要と思えば、こうしたものは排除すべきです。これは、実際には非常に重要なことです。

ポイント　**周りに知的な人々がいること、知的な課題に挑戦していること、集中できること、などが発想のために重要。**

●第5法則　強いモチベーションが必要

以上の法則にしたがうと、発想のために必要なのは、第一にデータ入力としての**勉強**であり、第二に適切な**環境**の整備です。しかし、これで十分かといえば、そうではありません。のんびり待っていても、アイディアはやってきません。発想は、宝くじの当選を寝て待つこととは違うのです。積極的に**求め、挑戦**しなければ、何事も起こりません。しかも、時間さえかければ結果が生まれるというわけでもありません。真剣にならなければ、決して成果は生まれません。

そして、必要性がなければ人間は真剣になりません。ですから、どうしても何かを生み出したいという、**強いインセンティブとモチベーション**がなければなりません。そうでなければ、寝食を忘れて仕事に没頭する状態にはならないでしょう。

どんな仕事においてもインセンティブやモチベーションは重要ですが、知的作業においては、とくに重要なことです。

この意味で、「**必要は発明の母**」です。必死になって考えたから、発明が出てきたのです。ここでいう「必要」は、広く解釈すれば、名誉欲でもよいし、金銭欲でもよい。あるいは、単なる好奇心でもよいでしょう。実際、科学的発見の多くは、研究者の純粋な好奇心から生まれています。多くの場合、強い**好奇心**は、発想を生み出す**最大の原動力**です。

ポイント 「どうしても何かを生み出したい」という強いインセンティブとモチベーションが必要。

2 発想の5法則はつねに正しいか？

●「全く独創的なアイディア」はありうるか？

第1法則で、「新しいアイディアは従来のアイディアの改良だ」と述べました。この法則に例外はありうるでしょうか？

もちろん、「絶対にありえない」とは断言できません。

レオナルド・ダ・ビンチの発明を見ると、とくにそう感じます。15世紀のルネッサンス期に、機関銃、自転車、軸受け、ボール・ベアリング、さらには、飛行機、潜水艇など、400年以上たってから実用化された機械の設計図を描いているからです*。その当時の知識や技術のレベルとは、全くかけ離れています。宇宙から来訪したのか、さもなければタ

レオナルド・ダ・ビンチ

イムマシンで400年遡ったとしか考えられません。

これらは、「全く独創的なアイディア」といってよいでしょう。しかし、こうしたものは、常人とは別のカテゴリーの天才の発想と考えるべきでしょう。

しかし、全く新しくはない**改良**でも、十分に新しいといえます。現実面では、このような意味での新しさで十分なのです。

何らかの意味で「**改良**」といえる発想の中にも、さまざまなグレードのものがあります。ノーベル賞級の**大発見**もあるし、社会を一変させるような発想もあります。ここで重要なのは、必ずしも最高レベルのものを目指さなくともよいということです。僅かの変化であっても重要なのです。実用のために重要なのは、しばしば、「**最後の一歩**」です。

重要なことは、発想の**メカニズム**やそれをもたらす条件は、そのグレードのいかんによらず**同一**だという点です。どの程度の結果が得られるかは、事前には分かりません。しかし、とにかくアイディアが必要であれば、ここで述べた5法則を尊重することが必要なのです。

ポイント　全く独創的なアイディアもあるかもしれない。しかし、現実には、小さな改良であっても重要。

＊　高津道昭『レオナルド＝ダ＝ヴィンチ　鏡面文字の謎』新潮選書、1990年。

●機械的方法が役立つ場合

第2法則で「マニュアル的な方法論は役に立たない」と述べました。この法則に対する例外はありうるでしょうか？

ここでも、例外はありうるでしょう。第2法則が指摘しているのは、「機械的な方法が**一見するよりは非効率**なものだ」ということであり、それが全然役に立たないことを主張しているのではありません。

実際、商品の**ネーミング**などの単純なアイディアについては、マトリックスを作ったり、カードを並べたりするような**機械的な方法**によって、それまで見逃していた組み合わせを見出せる場合もあるでしょう。こうした対象ならば、工業生産のような手法で、ある程度は扱えるのです。世に溢れている「発想法」の本は、こうした用途を想定しているのかもしれません。

ただし、新しいビジネスモデルの開発、新規事業の企画、新商品の開発など、もう少し複雑なものになると、機械的方法の**有用性は疑問**です。ましてや、学問上のアイディアなどについては、こうした手法の有効性はきわめて**疑わしい**といえます。もし使えるとしたら、その分野は、「モデル」という概念が欠如している分野だと考えざるをえないのです。

ポイント　単純なアイディアや「モデル」が必要とされない分野では、マニュアル的な発想法の利用余地があるかもしれない。

●科学的発見とビジネスの発想は同じか？

ビジネスでも新しいアイディアが必要な時代になりました。では、**科学的発見とビジネスの発想**は、同じものでしょうか？　それとも全く異質なものでしょうか？

もちろん、内容は随分違います。それが生み出される環境や、用いられる目的や分野も違います。**科学上の発見**は、世界の理解を深めることが目的です。それに対して、新しい**ビジネス**は、多数の人々に受け入れられなければ意味がありません。

科学者の発想が通常は個人的作業であるのに対して、ビジネスの発想は集団的になされることもあります。また、第3法則で述べた「**勉強の必要性**」は、科学の場合により強くいえることです。とくに最先端の自然科学では、それまでの業績を熟知していないと、全く前に進めません。これに対して、ビジネスの発想は、実務的な経験から生まれる場合が多くあります。

しかし、新しいアイディアが生み出されるメカニズムは、**基本的には同じ**ものだと考えられます。少なくとも、これまで述べた5法則が等しく適用できるという意味において、同じものです。

とくに、「**模倣なくして創造なし**」という側面は、ビジネスではきわめて明確です。自動車を「金持ちの玩具」から「大衆の足」とする画期的なT型モデルを開発した**ヘンリー・フォード**は、つぎのように語りました。*「私は何も新しいものを発明しなかった。他の人の発明を結びつけて、車を作っただけである。五十年か十年、いや五年前に仕事を始めていたら、失敗していたかもしれない」。

また、「組み合わせが**頭の中**で行なわれること」「**意欲**が重要であること」などは、ビジネスでも科学でも、全く**同じ**です。ですから、科学上の発見プロセスを分析することは、ビジビジネスでの創造過程に対しても、大いに参考になるでしょう。

ポイント **ビジネスでの発想も、基本的には科学研究での発想と同じもの。**

＊　M・マハルコ（齊藤勇監訳）、『アイデアのおもちゃ箱』、ダイヤモンド社、1997年。

●模倣の天才モーツァルト

では、音楽、絵画・彫刻、あるいは映画やミュージカルなど、芸術分野の発想は、どうでしょう?

これらに関して私は門外漢なので、自信を持って発言できません。ただ、こうした分野での創造活動は、科学上の発見やビジネスの新機軸開発に比べて、**直観やひらめき**、あるいは生まれつきの**才能**が決定的な役割を果たす点で、かなり異質なように見えます。実際、モーツァルトの創作過程を伝える**アンリ・ゲオン**のつぎの文章を読むと、「想像を絶する」という感想しか出てきません。*

天才ベートーヴェンが苦労したあの下書き帳の類を、彼（モーツァルト）はほとんど用いなかった。最初の構想も、直しも、仕上げも、すべてが頭の中にあった。それもたいていは各声部や、小節数や、相関関係を、同時に見すえたと言われている。あとは写譜するだけである。普通は猛烈な速さで、指が痛くなるほど、と手紙の中で彼は訴えている。ときには、頭に浮かんだ作品を写し直しながら、別の作品を考え、アンダンテを考えながらロンドを考えることさえあった。

しかし、真に驚くべきは、この後です。モーツァルトの創作の出発点は**完全な模倣**だったと、ゲオンは解説するのです。

ルートヴィヒ・ヴァン・ベートーヴェン

彼（モーツァルト）は、模倣に模倣を重ね、やがて完全に模倣できるようになった。（中略）こうしてモーツァルトは、ショーベルト風に、ヨハン・クリスティアン・バッハ風に、ミヒャエル・ハイドン風に、ヨーゼフ・ハイドン風に、ピッチー二風に、サッキーニ風に、何々風に……というようにつぎつぎに作曲したが、あまりにもそっくりに模倣したため、彼の作品とお手本の見分けがつかなくなり、お手本のほうが逆に彼の作品を模倣しているかのようであった。

彼ら（ショーベルトとモーツァルト）がパリで出会ったとき、ヨハン・ショーベルトは二十年後のモーツァルトにすでに非常によく似ていたので、ヴォルフガンクによって模倣され協奏曲に作り変えられたソナタの一曲は、非常に長い間、幼い模倣者のものとされていたほどである。

ヨハン・クリスティアン・バッハ

ヨーゼフ・ハイドン

モーツァルトの模倣は、少年期だけのことではありません。モーツァルトの研究家**アルフレート・アインシュタイン**は、『ジュピター』交響曲の最終楽章が、**ミヒャエル・ハイドン**の交響曲の最終楽章に非常に似

アルフレート・アインシュタイン

ていると指摘しています。モーツァルトの『レクイエム』が、ハイドンの『レクイエム』にそっくりであるとの指摘もあります[*2]。

ポイント　芸術での発想でも模倣が重要な役割を果たすことがある。モーツァルトは、その典型例。

＊　アンリ・ゲオン（高橋英郎訳）『モーツァルトとの散歩』、白水社、1988年。括弧内は野口の注記。

＊2　木原武一『天才の勉強術』、新潮選書、1994年。

●5法則を遵守すれば必ず成果があがるか？

強いモチベーションを持ち、沢山のデータを頭につめ込み、そして適切な環境を用意すれば、**必ず革新的なアイディアが生まれるでしょうか？**

これは、難しい問題です。正直にいえば、「必ず生まれる」とは断言しがたいと思います。発想は**能動的なプロセス**だからです。少なくとも、ある一定期間のうちに必ず成果があがると保証するのは、難しいといわざるをえません。

しかし、「**確率が高くなる**」とはいえるでしょう。インプットされたデータが多いほうが、不適切な環境下よりは適切な環境下のほうが、そして、モチベーションが高いほうが、アイディアが生まれる可能性は高くなるはずです。

ポイント　発想は難しい課題だが、5法則にしたがえばアイディアが生まれる確率は高まる。

●IQは影響するか？

創造的活動を行なうのに、**高い知的能力**は必要でしょうか？　これに関して、つぎのような話があります。

ある出版社の社長が、創造性がない社員が多いことを心配して、心理学者に調査を依頼しました。1年間社員を綿密に調査した結果、創造性のある人々とない人々との間には、たった1つの差異しかないことが発見されました。

それは、「**創造的な人々は自分が創造的**だと思っており、**創造的でない人々は自分が創造的でない**と思っている」ということでした。*

このエピソードは、きわめて示唆的です。「創造性がない」とは、「自分は創造性がないと思っていること」なのです。あるいは、「自分は創造的だと思えば、創造的な活動ができるのだ」ともいえます。

これは、歴史上の大学者や文学者などを見ても裏付けられます。発想や創造に**知能指数はあまり関係がない**のです。

もちろん、非常に高い知能指数の人もいました。ゲーテの知能指数は、幼児期の語学能力から推測すると、185程度と考えられるそうです。**ジョン・スチュワート・ミル**や**ライプニッツ**も、これと同程度の知能指数だったそうです。[*2]

ジョン・スチュワート・ミル

しかし、創造的な仕事をした人の誰もが知能指数が非常に高かったかといえば、そんなことはありません。**ニュートン**の知能指数は、125程度だったといわれます。10代のときには、母親の勧告で、学校を中退したことがあります。

トーマス・エジソンも、学校の成績が悪く、退学させられました。**アインシュタイン**も、学校の成績が芳しくなく、スイス連邦工科大学（ETH）の入学試験に落ちました。予備校に通って翌年には合格しましたが、「できがよくない人間」との評判がついてまわり、特許局の職員として薄給に甘んじていました。
逆に、知能指数が高い子供が大人になって必ず成功するわけではないことは、よく知られています。こうしたことを見ると、創造力は、生まれつきの能力ではないといってよさそうです。

トーマス・エジソン

ポイント **創造力は、知能指数や学校での成績と関係がない場合もある。**

＊　M・マハルコ（齊藤勇監訳）、『アイデアのおもちゃ箱』、ダイヤモンド社、1997年。
＊2　福島章『天才』、講談社現代新書721、1984年。

第8章のまとめ

1. 新しいアイディアが無から生まれることはない。どんな独創的なアイディアも、既存のアイディアの組み替えだ。**模倣は創造の出発点**。発想は、一部の人の独占物ではない。

2. 発想のためには、**必要な知識**をまず頭に詰め込む必要がある。

3. 既存のアイディアの組み替えは、**頭の中**で行なわれる。方法論にこだわるよりは、**環境整備**を心がけるべきだ。

4. 科学上の発想、ビジネスでの発想、芸術上の発想は、外観上は異なるが、**本質は同じ**もの。

発想力トレーニング（8）

イタズラで磨く発想力（その2）

経済学者のポール・サミュエルソン教授は、ノーベル賞受賞記念講演の中で、「この講演は大変厳粛なものだから脱線してはいけないと、事前にルンドベリー教授に厳重に注意された」と述べています。そのすぐ後で脱線しているのですが、これは、草稿に入れずにおいて、ルンドベリー教授の検閲をかいくぐったものでしょうか？

ベンジャミン・フランクリンは、アメリカ独立宣言の原案起草者になれませんでした。こっそりジョークをもぐり込ませる危険があったからだといわれます。

ベンジャミン・フランクリン

18世紀のオランダの医師で化学者のブールハーフェは、『医学における重要な秘法』という厳重に封印された著書を残しました。彼の死後競売に出され、2万ドルで入手した人が開封したところ、100ページのうち99ページが白紙で、最初のページに「頭を冷やし、足は温める。これで医者要らず」と書いてありました。

情感あふれる演技で人気のあったポーランドの女優ヘレナ・モジェスカは、ポーランド語を解する人がいない集会で、詩の朗読をしました。誰もが感激の涙にむせんだのですが、彼女は、ポーランド語のアルファベットを繰り返しただけでした。

ヘレナ・モジェスカ

「イタズラが発想力を研ぎ澄ます」といっても、世の中に余裕がなくなれば、イタズラは影をひそめます。日本の国家予算は、大蔵原案成立時に「語呂合わせ」をするという習慣があったのですが（「大蔵省」という役所があったときの話です）、いつの間にかなくなってしまいました。これは日本社会に余裕がなくなったことの反映でしょうか？

【さ行】

索引

PHP
Business Shinsho

野口 悠紀雄（のぐち・ゆきお）

1940年東京生まれ。63年東京大学工学部卒業、64年大蔵省入省、72年エール大学Ph.D.（経済学博士号）を取得。一橋大学教授、東京大学教授、スタンフォード大学客員教授、早稲田大学大学院ファイナンス研究科教授などを経て、2017年9月より早稲田大学ビジネス・ファイナンス研究センター顧問。一橋大学名誉教授。専攻はファイナンス理論、日本経済論。
著書に『情報の経済理論』（東洋経済新報社、日経・経済図書文化賞）、『財政危機の構造』（東洋経済新報社、サントリー学芸賞）、『バブルの経済学』（日本経済新聞社、吉野作造賞）、『「超」整理法』（中公新書）。近著に『ブロックチェーン革命』（日本経済新聞出版社、大川出版賞）、『平成はなぜ失敗したのか』（幻冬舎）、『マネーの魔術史』（新潮選書）、『「超」AI整理法』（KADOKAWA）、『入門 ビットコインとブロックチェーン』『入門 AIと金融の未来』（以上、PHPビジネス新書）など。

note
https://note.mu/yukionoguchi

ツイッター
https://twitter.com/yukionoguchi10

ホームページ『野口悠紀雄 Online』
http://www.noguchi.co.jp/

PHPビジネス新書 407

ＡＩ時代の「超」発想法

2019年10月2日　第1版第1刷発行

著　　者　野口悠紀雄
発行者　後藤淳一
発行所　株式会社ＰＨＰ研究所
東京本部　〒135-8137　江東区豊洲5-6-52
第二制作部ビジネス課　☎03-3520-9619（編集）
普及部　☎03-3520-9630（販売）
京都本部　〒601-8411　京都市南区西九条北ノ内町11
PHP INTERFACE　https://www.php.co.jp/
装　　幀　齋藤　稔（株式会社ジーラム）
組　　版　有限会社エヴリ・シンク
印刷所　株式会社光邦
製本所　東京美術紙工協業組合

ISBN978-4-569-84378-0

「ＰＨＰビジネス新書」発刊にあたって

わからないことがあったら「インターネット」で何でも一発で調べられる時代。本という形でビジネスの知識を提供することに何の意味があるのか……その一つの答えとして「**血の通った実務書**」というコンセプトを提案させていただくのが本シリーズです。

経営知識やスキルといった、誰が語っても同じに思えるものでも、ビジネス界の第一線で活躍する人の語る言葉には、独特の迫力があります。そんな、「**現場を知る人が本音で語る**」知識を、ビジネスのあらゆる分野においてご提供していきたいと思っております。

本シリーズのシンボルマークは、理屈よりも実用性を重んじた古代ローマ人のイメージです。彼らが残した知識のように、本書の内容が永きにわたって皆様のビジネスのお役に立ち続けることを願っております。

二〇〇六年四月

ＰＨＰ研究所